"十四五"职业教育国家规划教材

旅游职业礼仪与交往

主 编 孙宇辉 高艳红 杨 靖
副主编 高娇娜 李清月 张国成 齐德才
参 编 李盛楠 白 颖
主 审 王昆欣

北京理工大学出版社
BEIJING INSTITUTE OF TECHNOLOGY PRESS

版权专有　侵权必究

图书在版编目（CIP）数据

旅游职业礼仪与交往 / 孙宇辉，高艳红，杨靖主编． -- 北京：北京理工大学出版社，2021.11（2024.8 重印）
ISBN 978-7-5763-0737-5

Ⅰ．①旅⋯　Ⅱ．①孙⋯　②高⋯　③杨⋯　Ⅲ．①旅游服务 - 礼仪 - 中等专业学校 - 教材　Ⅳ．① F590.63

中国版本图书馆 CIP 数据核字（2021）第 248228 号

责任编辑：多海鹏　　**文案编辑**：杜　枝
责任校对：刘亚男　　**责任印制**：边心超

出版发行	/ 北京理工大学出版社有限责任公司
社　　址	/ 北京市丰台区四合庄路 6 号
邮　　编	/ 100070
电　　话	/ （010）68914026（教材售后服务热线）
	（010）68944437（课件资源服务热线）
网　　址	/ http： // www.bitpress.com.cn
版 印 次	/ 2024 年 8 月第 1 版第 3 次印刷
印　　刷	/ 定州市新华印刷有限公司
开　　本	/ 889 mm × 1194 mm　1 / 16
印　　张	/ 12
字　　数	/ 235 千字
定　　价	/ 46.00 元

图书出现印装质量问题，请拨打售后服务热线，负责调换

前言

党的二十大报告指出："青年强，则国家强。"作为我们党的教育工作者就是要落实立德树人根本任务，培养德智体美劳全面发展的社会主义建设者和接班人。而落实到旅游职业礼仪的具体培养目标就是要培养知礼、用礼、行礼之人，让学生树立正确的价值观、人生观和世界观。

本书重点介绍如何让学生在学习知识和掌握技能的基础上，做到和思想政治理论课同向同行，紧紧抓住"礼"这个思政要素，把知识的传授和技能的训练与岗位的需求紧密联系在一起，在实现"立德树人"根本任务的前提下，让"礼"元素内化于心，最终达到让学生发自内心地将礼仪知识运用到实际工作岗位中的目的。

孔子曰："不学礼，无以立。"孟子曰："恭敬之心，礼也。"编者在本书的编写过程中把"礼"作为每个情境学习的核心要素，从始至终贯穿对中国传统思想的知识传授和内心转化，打破了以往中职相关礼仪课程的教学重视教学技能和岗位挂钩、重视技能轻视德育的传统格局。用每一个关于礼仪的元素串联起学生对知识的学习和技能的掌握，从而达到"内化于心、外化于行"的深层次育人效果。

本书主要分为两个篇章，第一部分为"常礼篇"，由日常的社会礼仪交往为基础，以各个日常礼仪交往为主线，循序渐进地设置了六个学习情景（情景一到情景六）。第二部分为"职礼篇"，以真实的旅游工作岗位为依托，分别设置了旅行社、酒店、旅游交通服务等仿真学习情境。每个任务的实施过程，针对所学知识，都设置了"是"礼学其规——"非"礼勿其行——"用"礼展形象——"明"礼入我心——"践"礼小故事——"执"礼任务单等环节。对学生进行"德育导向，工学合一"教育的六步教学模式，每个任务设置真实案例帮助学生进行实践和拓展，知识链接的应用也为学生打开创造性、发散性思维奠定了基础。

本书依据教育部发布的《中等职业学校旅游服务与管理专业教学标准》，并参照《导游服务质量》（GB/T 1597—11995）、《旅游景区讲解服务规范》（LBT 014—2011）等行业标准编写。

本书既可作为中等职业学校旅游服务与管理专业及相关专业的礼仪课程用书，也可作为全国导游人员资格考试的参考用书，还可作为旅游行业在职培训人员用书及供旅游从业人员提高礼仪素养和服务水平的自学读物。

由于编者水平有限，书中难免存在疏漏之处，恳请广大读者批评指正。

目录 CONTENTS

常礼篇

学习情景一　职业礼仪概述篇——通文达礼 ·· 2
  任务一　认识礼仪——识礼仪，明大体 ··· 2
  任务二　掌握职业礼仪——不学礼，无以立 ·· 7
  融入个人魅力　展现礼仪风采 ·· 12

学习情景二　职业形象塑造篇——衣冠礼乐 ·· 13
  任务一　职业仪容基本要求——"扮"出职业规范 ································ 13
  任务二　职业仪表基本要求——"穿"出职业风范 ································ 22
  任务三　职业配饰基本要求——"搭"出职业典范 ································ 32
  融入个人魅力　展现礼仪风采 ·· 37

学习情景三　职业仪态塑造篇——恭而有礼 ·· 38
  任务一　站姿——"站"出挺拔身姿 ··· 38
  任务二　坐姿——"坐"出端庄仪态 ··· 42
  任务三　走姿——"走"出自信轻盈 ··· 47
  任务四　蹲姿——"蹲"出优雅得体 ··· 51
  任务五　手势——"做"出得体指示 ··· 54
  任务六　表情——"露"出亲切容貌 ··· 59
  融入个人魅力　展现礼仪风采 ·· 66

学习情景四　礼貌服务语言篇——言之有礼 ·· 67
  任务一　礼貌用语要求——赠人益言赛黄金 ·· 67
  任务二　礼貌用语运用——良言一句三冬暖 ·· 71
  融入个人魅力　展现礼仪风采 ·· 76

学习情景五　常用交往礼仪篇——以礼相待 ·· 77
  任务一　称呼——说对名字是对人最好的尊重 ···································· 77
  任务二　介绍——留下完美第一印象 ··· 81

任务三	鞠躬——尊敬的深度体现	85
任务四	握手——自信、自如交往的开始	88
任务五	名片——有"礼"走遍天下	92
任务六	接打电话——不见其人先闻其声	96
任务七	致意——伸手不打笑脸人	101
融入个人魅力　展现礼仪风采		104

学习情景六　客源地风俗礼仪篇——践律蹈礼　　105

  任务一　亚洲国家风俗礼仪　　105
  任务二　欧美国家风俗礼仪　　112
  融入个人魅力　展现礼仪风采　　120

职 礼 篇

学习情景七　旅行社接待服务礼仪篇——博文约礼　　122

  任务一　门市接待礼仪——迎来送往都是客　　122
  任务二　导游接待礼仪——面朝八方笑迎客　　129
  融入个人魅力　展现礼仪风采　　145

学习情景八　酒店接待服务礼仪篇——彬彬有礼　　147

  任务一　前厅部接待——宾至如归聚人脉　　147
  任务二　餐饮部接待——主动热情有分寸　　154
  任务三　客房部接待——贴心服务显真情　　159
  融入个人魅力　展现礼仪风采　　165

学习情景九　旅游交通服务礼仪篇——谦和好礼　　166

  任务一　民航服务礼仪——跟我飞，心飞扬　　166
  任务二　轨道交通礼仪——随我行，舒适情　　171
  融入个人魅力　展现礼仪风采　　176

学习情景十　线上交流礼仪篇——情礼兼到　　177

  任务一　网络交流礼仪篇——真诚待人，及时沟通　　177
  融入个人魅力　展现礼仪风采　　184

参考文献　　185

常礼篇

学习情景一

职业礼仪概述篇——通文达礼

任务一　认识礼仪——识礼仪，明大体

任务背景

现代社会充满着竞争和急剧变革，作为旅游从业人员，若要在职场中求成功、获发展，必须具备良好的礼仪修养。《荀子·修身》中就写道："人无礼则不生，事无礼则不成，国无礼则不宁。"礼仪，是职场上最强大的软实力。你想在职场中游刃有余吗？那么，请让我们一起来学习礼仪吧！

任务概述

1. 理解礼仪的含义。
2. 掌握礼仪的核心和作用。

【基础技能1——"是"礼学其规】

一、礼仪的概念

礼仪包括"礼"和"仪"两部分。"礼"，即"礼貌""礼节"；"仪"，即"仪表""仪态""仪式""仪容"。

礼仪是人们在社会交往中共同遵守的行为准则与规范。通俗地讲，礼仪就是人际交往时，向他人表达尊重、友好、善意的各种形式。

礼仪是人们生活中不可缺少的一种能力，是一个人内在修养和素质的外在表现，是一个国家社会文明、道德风尚和生活习惯的反映。从交际的角度来看，礼仪是人际交往中最适用

的交际方法和交际艺术，是人们在交往中表达尊重、友好的习惯做法；从传播的角度来看，礼仪是人们在交往中进行相互沟通的技巧。

二、礼仪的核心

礼仪的核心是"尊重为本"。尊重二字，是礼仪之本，也是待人接物的根基，包括三层含义，即尊重自己、尊重他人、尊重社会。

（一）尊重自己

首先要尊重自己，自尊应处于第一位。自尊有以下三个要点：第一，尊重自我，即尊重自身个体，要求人们在人际交往中约束自身的行为。一个人如果不尊重自己，就不可能得到他人的尊重。第二，尊重自己的职业（角色）。一个人若要得到他人的尊重，还需要尊重自己的职业（角色）。只有对职业（角色）有敬重之心，才能有刻苦钻研、恪尽职守的职业道德。不思进取、不务正业的人，是无法得到别人的尊重的。第三，尊重自己所在的集体。在职场，你就是自己所在集体的代表，因此必须热爱这个集体，爱岗敬业，忠于职守。在外人眼里，随意指责单位、领导、同事，是没有职业道德的表现。

尊重自己、尊重自己的职业（角色）和尊重自己的集体，这三者构成自尊，是礼仪中最重要的理念。

（二）尊重他人

第一，尊重上级。在职场，尊重上级是一种天职。下级服从上级是一种职业道德，如果下级不服从上级，工作就无法开展了。第二，尊重同事。在职场，尊重同事是一种本分。这是一个团队制胜的社会，随着分工越来越细，同事间互相协作、互相配合才能成功完成一项工作。第三，尊重下级。尊重下级是一种美德。水能载舟，亦能覆舟。上级的工作，需要下级的努力配合才能完成。第四，尊重客户。尊重客户是一种常识。因为客户是"衣食父母"，若没有客户的支持，企业就无法生存。第五，尊重所有人。尊重所有人是一种教养。一个真正有教养的人应尊重所有人，这样其人际关系安全才会有保障。

（三）尊重社会

尊重社会主要是指遵守社会秩序和遵守最基本的社会公德等。

三、礼仪的作用

礼仪之所以被提倡，之所以受到社会各界的普遍重视，主要是因为它具有很多种重要的作用，既有利于个人，又有利于社会。

（一）有助于提高人们的自身修养

在人际交往中，礼仪往往是衡量一个人文明程度的准绳。它不仅反映出一个人的交际技巧与应变能力，而且反映出一个人的气质风度、阅历见识、道德情操、精神风貌。因此可以说礼仪即教养，有教养才能文明，有道德才能高尚。一个人对礼仪运用程度的高低，可以反映出其教养的高低、文明程度的高低和道德水准的高低。由此可见，学习礼仪、运用礼仪，有助于提高个人的修养，有助于"用高尚的精神塑造人"，真正提高个人的文明程度。

（二）有助于促进人们的社会交往，改善人们的人际关系

古人认为："世事洞明皆学问，人情练达即文章。"这句话表达的其实就是交际的重要性。一个人只要与他人打交道，就不能不讲礼仪。运用礼仪，除了可以使个人在交际活动中充满自信、处变不惊之外，还能够帮助人们规范交际活动，以更好地向交往对象表达自己的尊重、敬佩、友好与善意，增进彼此之间的了解与提高信任程度。

（三）有助于净化社会风气，推进社会主义精神文明建设

当前，我国正在大力推进社会主义精神文明建设。其中的一项重要内容就是要求全体社会成员讲文明、讲礼貌、讲卫生、讲秩序、讲道德，心灵美、语言美、行为美、环境美。这些内容与礼仪完全吻合。因此，提倡礼仪的学习、运用，与推进社会主义精神文明建设是殊途同归、互相促进的。

【基础技能2——"非"礼勿其行】

1. 违反公德

《公民道德建设实施纲要》用"文明礼貌、助人为乐、爱护公物、保护环境、遵纪守法"二十个字，对社会公德的主要内容和要求做了明确规范。在日常生活中，我们不要违反社会公德，这是每个文明公民应该具备的品质，也是礼仪的基本要求。

2. 违时失信

无论做人做事，还是立业立德，都离不开"诚信"二字，否则就像万丈高楼没有了根基。诚信建设非一日之功，重在修炼内功，强化自律，养成自觉的诚信行为。对人对事应做到遵时守信。遵时，就是要遵守规定的时间和约定的时间，不得违时，不可失约；守信，就是要讲信用，对自己的承诺负责。

3. 强词夺理

在人际交往中，我们最好不要盛气凌人、强词夺理，要以诚待人，因为这是礼仪的本质

特征。在人际交往中，我们要表里如一，尊重他人，以便与他人的交往友好顺利。

4. 自以为是

自视高明、目中无人或自夸其能，这种妄自尊大的言行，往往令人敬而远之。相反，谦虚随和的人善于听取别人的意见，遇事能与他人商量。

5. 不懂装懂

关于礼仪的学习与应用，我们应该做到：不要不懂装懂，要虚心好学；对于不同国家、地域的礼仪文化的差异性要尊重。

【提升技能——"用"礼展形象】

一个讲究礼仪的旅游从业人员必须做到：

（1）在外表上，给人以稳重、大方的感觉。做到服饰整洁、挺括；仪容端庄、俊秀。

（2）在行动上，要表现出不卑不亢、落落大方，站、坐、走以及手势等要求合乎规范，做到端正稳重、自然亲切、训练有素。

（3）在态度上，要和蔼可亲、热情好客，表情要真切，做到微笑服务。微笑服务是服务态度最基本的标准，提倡"笑迎天下客，天下客皆笑"。

（4）在语言上，要谈吐文雅、表达得体。做到语音标准、音质甜润、音量适中、语调婉转、语气诚恳、语速适当。要讲究语言艺术，正确使用敬语、谦语、雅语。

（5）在接待礼仪上，要彬彬有礼，讲究规格。对重要宾客的迎送、接待，以及纠纷的处理，都要注意一定的规格和相应的礼貌礼节。

在接待服务工作中，旅游从业人员与客人的关系，旅游从业人员是主体，客人是客体。处理好二者关系，关键在于旅游从业人员一方，应主动为客人提供文明礼貌的服务。在旅游接待这一"舞台"上，客人是"主角"，旅游从业人员是"配角"，这也是称职的旅游从业人员应该具有的"角色"意识。

【"明"礼入我心】

一、从改变观念做起

要充分认识到"礼仪是一个人的安身立命之本"。从今天起，做一个重礼仪的人，要做到"优雅风范，迷人气质"，不失态于人；"关爱眼神，微笑魅力"，不失色于人；"口吐莲花，赞美鼓励"，不失口于人；"自尊自信，真诚热情"，不失礼于人。

二、学习礼仪永不嫌迟

得体来自规范，品位来自细节。礼仪的养成是一个漫长的过程，通过礼仪学习，每天进步一点点，不断超越自己，由内而外，全面塑造更好的自己。

三、从改变行动展开

礼仪重在实践，从形似到神似，需要过程，需要孜孜不倦地践行。要牢记：说得多不如做得好，从现在做起；看着做不如自己做，从我做起；要我做不如我要做，从内心做起。

【"践"礼小故事】

不因礼小而不为

我国著名的一位文学家，他在外面遇到长辈和同辈都会主动打招呼施礼，甚至碰见小辈的人也都会打招呼，别人就说"您和长辈、同辈招呼施礼也就可以了，为什么小辈也要主动招呼呢？"文学家笑着说："礼多人不怪！"

人与人在接触交往中，相互表示出的尊重和友好的行为，体现了人们的道德品质和时代的文明程度。

【"执"礼任务单】

1. 礼仪的核心是什么？
2. 旅游不文明行为屡禁不止，想想你应如何做一名宣扬文明的旅游从业人员。

知识链接

既施"成人礼"，目行担当事

在中国，成人礼仪式自古有之，男孩的叫作"冠礼"，女孩的叫作"笄礼"。现代成人礼则在少男少女年满18岁时一并举行。戴上成人礼帽、先行拜谢礼、步入成人门、踏上成才路、走进立志门，这一系列富有动感的仪式，都在向他们宣示着18岁的到来。少男少女从长辈手中接过那本庄严的《中华人民共和国宪法》以及父母那一封封滚烫的信件时，意味着从那一刻起，原本稚嫩的双肩上将压上一份沉甸甸的责任，那就是担当。从那天开始，他们得试着独立，并承担起相应的道义及责任，正如成人礼上的誓词一样："孝心对父母，诚心对他人，热心对社会，忠心对国家"。

18岁，作为少男少女人生里程中的一个分水岭，是承前启后的年龄。少男少女应重新修正自己的人生定位，逐步履行自己应担当的责任，这才是成人礼的意义所在，即要把"担当"两个字放在心中，在人生的道路上，要学会和别人分享快乐，分担痛苦。

任务二　掌握职业礼仪——不学礼，无以立

任务背景

工作和生活，是人生的两个重要组成部分。每个人都要踏入职场，成为一名职场人。作为一个现代职场人，不知礼，必失礼；不守礼，则必无礼。在职场上，职场人若缺礼、失礼、无礼，终会尴尬、困惑、难堪与失落，进而可能与成功无缘。在职场交往中，若要达到事半功倍的效果并塑造职场魅力，职业礼仪是一门必修课。

任务概述

1. 理解职业礼仪的概念和作用。
2. 掌握养成职业礼仪的方法。

【基础技能 1——"是"礼学其规】

一、职业礼仪的概念

职业礼仪，是指在职业场合应遵循的、用于律己敬人的各种行为准则和惯例，是适用于职场的交往艺术。职业礼仪没有性别之分，讲究男女平等，并将体谅和尊重别人当作第一指导原则。

二、职业礼仪的作用

（一）内强自身素质

职场人的素质，是职场人个人修养和个人品质的表现。在职场实践中，职业礼仪必须从小事做起，从点滴养成。当这些礼仪行为被培养成自己的行为习惯之后，在举手投足、言谈举止间，也就体现了自己良好的素质，从而能最大限度地获得别人的善意、好感和尊重。

（二）外塑职业形象

在职场中，交谈讲究礼仪，人们可以变得文明；举止讲究礼仪，人们可以变得高雅；穿

着讲究礼仪，人们可以变得大方；行为讲究礼仪，人们可以变得美好……总之，一个人如果讲究礼仪，就可以在职场上充满魅力。

（三）和谐人际关系

在职场中，讲究职业礼仪，约束自己的行为，尊敬、关心交往对象，是获得别人好感与尊敬的有效方式。一般来说，人们在受到尊重、礼遇、赞同和帮助时会产生吸引心理，形成友谊关系；反之，则会产生敌对、抵触、反感，甚至憎恶的心理。

【基础技能2——"非"礼勿其行】

在职场中，应避免出现以下失礼行为：

（1）有他人在场的情况下，不要自己哼唱歌曲。

（2）不要用手指敲打或者用脚踢什么东西。

（3）别人讲话时，不要插嘴。

（4）别人站着时，不要坐下。

（5）事先没有得到允许，不要看别人的书或写的东西。

（6）不要对同事的长短优劣评头论足。

（7）给别人提意见或批评别人时，考虑一下是该在公共场合还是在私下里，是现在还是另找时间，也要注意一下措辞，批评别人时，不要面露怒色，而应态度温和。

（8）在情绪激动时，要保持冷静，不要说一些伤人的话，不要嘲笑任何人。

【提升技能——"用"礼展形象】

掌握礼仪规范，提升礼仪素养，培养交往与沟通能力，不仅"内慧于心"，还要"外秀于表"，增强自己的魅力，提升自己的实力，从而争取和把握更多的机会。

从事旅游工作的任何一个环节，即无论是在景区景点工作，还是在旅行社工作或是从事餐饮、购物及酒店服务工作，都需要与人打交道，我们可以从以下四个方面做出努力：

一、培养积极健康的心理品质

积极健康的心理是进行正常人际交往的前提。要通过开展心理健康教育和心理辅导，培养乐观、积极、热情、开朗、宽容、豁达的心态，学会了解别人的心理需求，关注别人的心理变化，提高理解别人的能力。

二、养成大方得体的礼仪风范

大方得体的礼仪风范是人际交往的催化剂。因此，职场人必须加强礼仪知识的学习和技能训练，养成微笑、谦恭、温和、大方的交往习惯。

三、掌握灵活有效的沟通技巧

沟通技巧是人际交往的润滑剂。酒店、旅行社等旅游企业要求员工具备较强的沟通能力，达到"沟而能通"，甚至"不沟而通"的境界。这就需要员工把握沟通的原则，了解沟通的过程，熟悉沟通的方法，掌握沟通的技巧，彻底改变"不沟不通"或"沟而不通"的状况。

四、积累全面深厚的文化知识

深厚的文化素养是人际交往的话语源泉。"读万卷书，行万里路"是广闻博见的条件，广闻博见是真知灼见的基础，而真知灼见是有效交流的话语源泉。因此，职场人要博览群书，广读经典；要打开眼界，增长见识。

当然，人际交往能力的形成与提高不是一蹴而就的，而是具有连续性和长期性，因此职场人要在人际交往实践中养成良好的人际交往习惯，不断提高自己的人际交往能力。

【"明"礼入我心】

职业礼仪养成有以下几种方法：

一、学习是前提

古人云："人无礼义则乱，不知礼义则悖。"学习礼仪是我们踏入职场的第一课。只有习礼，才会知礼、用礼和行礼；只有认真习礼、用心领悟、刻意积累，才会使职场人工作形象更规范、行为举止更得体、人际关系更融洽，才能在职场中赢得别人的尊重。

二、践行是重点

礼仪修养关键在于"躬行实践"。修养，既要修炼又要培养，职场人应将学到的职场礼仪规则运用于职场实践中，时时处处从小处着眼、从小处着手，以礼仪的准则来规范自己的言谈举止。如此持之以恒，就会逐渐增强文明意识、培养礼貌行为、涤荡粗俗不雅等不良习惯，成为一个有礼仪修养的职场人。

三、养成是关键

职业礼仪是人们在职场活动中的一种行为模式。这种行为模式只有通过长期的自觉练习，将其变成一种自觉的动作并形成习惯才能在职场活动中更好地发挥作用。

四、自律是基础

自律是指根据自身情况，以一定标准和行为规范指导自己的言行，严格要求自己和约束自己的行为。自律性还表现为"慎独"。慎独是一种修养方法，其核心强调的是自觉，即在无人监督时也能严格要求自己，是修养的最高境界。

【"践"礼小故事】

无声的介绍信

张先生要雇佣一个没带任何介绍信的小伙子到他的办公室工作，他的朋友很奇怪。张先生说："其实，他带了不止一封介绍信。你看，他在进门前先蹭掉脚上的泥土，进门后又先脱帽，再随手关上了门，这说明他很懂礼貌，做事很仔细；当看到那位残疾老人时，他立即起身让座，这表明他心地善良，知道体贴别人；那本书是我故意放在地上的，所有的应试者都不屑一顾，只有他俯身捡起，放在桌上；和他交谈时，我发现他衣着整洁，头发梳得整整齐齐，指甲修剪得干干净净，谈吐温文尔雅，思维十分敏捷。难道你不认为这些小节是极好的介绍信吗？"

不要忽略了生活中的小事，小细节往往成就大未来。

教养体现于细节，细节展示素质。教养不是西方价值观的蛊惑，中国传统文化是世界上最早强调教养的，如春秋时代就强调"礼"，儒家治国的方式就是礼制。教养是一种体谅，包括体谅别人的不容易以及体谅别人的处境和习惯。

高素质的旅游从业人员注重在服务的过程中细微之处见真情、细微之处见风范，向客人传递友好的信息，他们着装得体、举止优雅、热情周到，使客人获得亲切感、尊重感和愉悦感。正如丽思卡尔顿酒店的座右铭——"我们是为绅士淑女们服务的绅士淑女"，强调的是从自我做起，以最佳的礼仪和态度，赢得客人的赞赏。

【"执"礼任务单】

1. 何谓职业礼仪？
2. 职业礼仪养成的途径有哪些？

知识链接

赢在职场

"赢"（图1-2-1）字的字面意义怎么诠释呢？"亡、口、月、贝、凡"代表以下含义：

1. 关键字："亡"

"亡"表现的是一种危机意识。今天工作不努力，明天努力找工作。

人生只有三天，即昨天、今天、明天，忘记昨天、抓住今天、追求明天。这样，人生才能走向辉煌。因此，职场人必须树立危机意识，要不断使自己的心态归零，时刻都要积极、努力地面对工作。

2. 关键字："口"

职场生存需要沟通。"口"表现的是心声，是沟通的技巧。职场的压力来源于同事关系、来源于上司、来源于事业。会调节压力才能在职场上生存，而最好的方法就是沟通。

图1-2-1 赢

3. 关键字："月"

"月"表示积累。学会把握自己职业的生命长度，关键在于兴趣，不一定把兴趣当成职业，但一定要把职业当成兴趣。选择了这个职业就应该爱它，爱它是一种责任。每天进步一点点，你就会离成功越来越近。

4. 关键字："贝"

"贝"表示金钱，赢不仅靠职业能力，还靠职场三脉，分别是人脉、知脉、金脉。人脉是你生存的舞台，因此要处理好和同事、上司的关系；知脉是你的知识结构，就是从事某个职业需要具备的素质；金脉是你赚钱的结构和办法，如果要知道钱从哪里来、到哪里去，就要每天听一听财经新闻，要知道经济发展的趋势。

5. 关键字："凡"

"凡"即表现平凡，但平凡绝不是平庸。在职场一定要注意细节，细节体现素质。在职场中一定要以平常心看待一切问题，这样你才会充满勇气，能够自信而且心理平衡。

从字面意思看，所谓赢，就是要有危机意识，善于沟通，会经营人脉，善于理财，会管理人，严格按标准和流程做事。

融入个人魅力　展现礼仪风采

　　用现代人的眼光来看，人与人之间的交际应酬，不仅是一种出自本能的需要，而且也是适应社会发展、个人进步的一种必不可少的途径。因为从某种意义上来说，交际实质上就是一种信息交流，而信息乃是现代社会中最为宝贵的资源。由此可见，具有较强的交际能力，是现代人立足于社会并求得发展的重要条件。其重要意义，绝对不在掌握外语、电脑、驾驶等热门的专业技术之下。在此背景之下，作为交际艺术的礼仪自然迅速升温，备受人们的青睐。学习礼仪、应用礼仪，已经成为大势所趋，人心所向。

　　礼仪是我们人生在世，做人处世必备的基本功，是个人素质和能力的综合指数。我国是礼仪之邦，自古以来崇尚礼仪，在孔子的"礼、乐、射、御、书、数"教育中，"礼"被放在第一位。讲"礼"重"仪"是中华民族世代相传的优秀传统。新时代中华优秀传统文化得到创造性转化、创新性发展，青年一代更加积极向上，全党全国各族人民文化自信明显增强、精神面貌更加奋发昂扬。作为一名中职生，如何才能真正做到知礼、学礼、用礼呢？

　　1. "礼"在自律

　　作为旅游服务专业的学生，应强化自己的自律意识，时刻注意自己的仪表形象，将礼仪融入到日常的生活细节之中。

　　2. "礼"在尊重

　　保持一颗尊重他人的心，以积极乐观的形象去迎接生活的每一天。

　　3. "礼"在细节

　　良好的文明礼仪不仅能折射出一个人的形象和品质，也是衡量一个人的伦理道德和社会公德的标尺。礼仪是律己、敬人的一种行为规范，它的内涵体现于一言一行、举手投足中。

　　职业礼仪可以帮助我们"规范言谈举止、学会待人接物、塑造良好形象、赢得社会尊重"而精通礼仪的目的就在于运用，将我们所学的点滴运用到今后的工作生活之中，以礼存心，以礼待人，不断学习，一步一步完善自己，塑造更好的自己，为宾客提供优质服务。

学习情景二

职业形象塑造篇——衣冠礼乐

任务一 职业仪容基本要求——"扮"出职业规范

任务背景

今天是毕业生刘蕾来到众美酒店实习的第一天。根据岗前培训日程安排,第一天上午的培训内容是酒店服务人员的仪容仪表。作为实习生的她既期待,又紧张。

服务行业对其从业人员的仪容仪表、行为举止的要求都非常严格,如酒店服务人员的形象在一定程度上体现了酒店的服务形象,而服务形象是酒店文明的第一标志。客人对酒店服务人员的"第一印象"是至关重要的,而"第一印象"的产生首先来自一个人的仪容仪表。

任务概述

1. 理解职业仪容礼仪的重要性。
2. 掌握旅游从业人员的仪容要求及化妆技巧,学会恰当的仪容修饰。

【基础技能1——"是"礼学其规】

旅游从业人员上岗前,必须做好仪容的充分准备。注重仪容卫生,是尊重客人的需要,是旅游从业人员在服务中不可忽略的重要因素。

仪容主要是指人的容貌,包括发部、面部、口部、手部等。

一、发部

头部是人体的制高点,美丽从"头"开始。发部的基本要求是整洁、大方、得体、不染彩发。

学习情景二 职业形象塑造篇——衣冠礼乐

1. 男士发型要求

前不覆额、侧不遮耳、后不及领,如图 2-1-1~图 2-1-3 所示。

图 2-1-1 前不覆额

图 2-1-2 侧不遮耳

图 2-1-3 后不及领

2. 女士发型要求

梳理整齐,前发不过眉(图 2-1-4),侧发不盖耳(图 2-1-5),后发不披肩。一线岗位服务人员最好使用统一发式,常见的是盘发。

图 2-1-4 前发不过眉

图 2-1-5 侧发不盖耳

二、面部

面部的基本要求是:干净、清爽。

1. 男士面部要求

胡须要剃净,鼻毛要剪短,不外露。鬓角要刮齐,不留小胡子和大鬓角。

2. 女士面部要求

以淡妆为宜。

有一位哲人曾说:"化妆是使人放弃自卑,与憔悴无缘的一味最好的良药。它可以让人们表现得更加自爱,更加光彩夺目。"化妆是一种基本的礼貌,妆容讲究自然、美化、协调,要遵循"三 W"原则,即 When(什么时间)、Where(什么场合)、What(做什么)。学会化妆,塑造不一样的形象，要把握化妆技巧和化妆礼仪两方面。

（1）化妆技巧。

化妆，是一门视觉艺术，一要突出面部五官最美部分，二要掩盖或矫正缺陷或不足的部分。所以，若要化好妆，则需把握修饰的个性特征，掌握"三庭五眼"（人脸的长宽标准）比例与"三点一线"要求。

三庭：从发际线到眉间连线、眉间到鼻尖、鼻尖到下巴尖，分别为上、中、下三庭；三庭比例1∶1∶1，是标准端正的比例；如果是4∶6∶4，则更接近黄金分割。

五眼：指眼角外侧到同侧发际边缘，刚好是一只眼睛的长度，两眼之间也是一只眼睛的长度，另一侧到发际边也是一只眼睛的长度，加两只眼睛，刚好是五只眼睛的长度。

"三点一线"是指眉形化妆的要求，即眉头、内眼角、鼻翼三点一线，眉梢、鼻翼、外眼角三点一线，眉头、眉尾在一条水平线上。

（2）化妆礼仪。

要注意化妆礼仪：忌当众化妆，化妆要避人；忌妆面残缺，要及时补妆；忌香气浓烈；忌借用化妆品；忌评论别人的妆容等。

三、口部

口部保持口腔清洁、口气清新。除坚持每天早晚刷牙外，上班前忌食葱、蒜、韭菜等有刺激性气味的食物，以免产生口腔异味。

四、手部

有人把手比作人的第二张脸，因此为充分显示个人魅力，要善于美化手部。应勤洗双手，保持洁净；要懂得护理，保持润泽；应修剪指甲，不宜过长；指甲上不涂颜色艳丽的指甲油，更不要做甲绘。

【基础技能2——"非"礼勿其行】

一、发部修饰禁忌

（1）发型夸张。

（2）把头发染成刺眼、艳丽的颜色。

（3）头发油腻黏结，头皮屑很多。

（4）头发过长，没型不精神。

（5）当众梳理。

（6）披头散发，不修边幅。

二、面部修饰禁忌

（1）面部有不洁净的分泌物，如眼屎等。

（2）男性旅游从业人员留胡子和大鬓角。

（3）女性旅游从业人员不化妆或当众化妆、浓妆艳抹、以残妆示人。

三、口部修饰禁忌

（1）上岗前，食用会产生口腔异味的食物，如蒜、葱、韭菜等。

（2）牙缝里有食物残渣积物。

（3）讲话时口沫四溅。

（4）当众剔牙。

（5）一边与客人说话，一边嚼口香糖。

四、手部修饰禁忌

（1）留长指甲。

（2）指甲缝内有污垢。

（3）涂有色指甲油或做甲绘。

（4）在客人面前掏耳朵、搔痒。

【提升技能——"用"礼展形象】

一、发型适宜

旅游从业人员选择发型时，不仅要美观大方，而且要考虑发型与个人身材、脸型、年龄的适宜度，更要符合工作岗位和场合需要。

旅游从业人员的发型应该是简洁清爽又不失亲和力的。下面介绍几款适合女性旅游从业人员的发型：

（一）清爽的波波头

波波头（图2-1-6）对女性旅游从业人员来说是不错的选择。侧分的刘海可以完美地修饰脸型，干净柔顺的发型配上自然的发色，可以打造出清新脱俗的视觉效果，十分符合女性旅游从业人员的形象要求。

（二）清爽活力的马尾辫

马尾辫（图2-1-7）是一款非常减龄的发型，体现出青春活力，而且运动感强。对于女性旅游从业人员来说，运动款的工作装和整齐、利索的马尾辫是非常好的搭配。

图2-1-6 波波头

（三）盘发

先扎一个高马尾，再把头发编成三股辫，然后围着头发根部缠绕，最后用"U"型卡固定。盘发（图2-1-8）端庄大方，简单利索，适合绝大多数场合，如社交场合、工作场合、休闲场合等。

图2-1-7 马尾辫

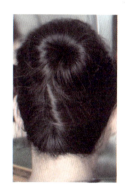

图2-1-8 盘发

二、化妆技巧

女性旅游从业人员在工作场合需要化妆，妆容应自然、淡雅，呈现出良好的精神面貌，体现出对客人的尊重。

（一）化妆步骤

1. 洁面

清洁面部，使皮肤洁净清爽，可令妆面服帖自然，不易脱妆。

2. 修眉

将多余的眉毛去除，使眉毛线条清晰、整齐、流畅。

3. 润肤

润肤能够补充皮肤的水分与营养，使之滋润舒展，既可以保护皮肤，又使皮肤更易上妆。

4. 打底

打底能帮助遮盖瑕疵、调和肤色，甚至通过粉底的深浅变化还可增强面部立体感。判断一个人是否漂亮，有一个标准叫作"三庭五眼"，它代表了面部五官的完美比例。化妆最重要的工作之一就是依靠"三庭五眼"（图 2-1-9）标准对五官比例进行调整。

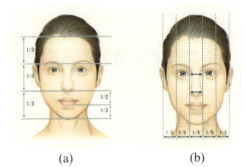

图 2-1-9　三庭五眼
（a）三庭；（b）五眼

5. 画眼线

通过画眼线来调整和修饰眼部轮廓，眼睛会显得更明亮和生动。

6. 画眉

画眉能修饰、映衬眼睛，并通过眉形对脸形做适当修正。

7. 涂腮红

涂腮红能提亮肤色，改善面部皮肤色泽，而且还可通过不同的涂抹方式，适当修正脸形。

8. 画唇线和涂口红

画唇线和涂口红（图 2-1-10）能加强、调整唇部轮廓；改善唇部颜色，增添脸部神采。

以上是比较完整的化妆程序。根据实际情况，亦可简化步骤，在洁面之后，仅润肤、打底、画眉、涂口红即可；如果时间非常紧迫，至少也要打底和涂口红。短短几分钟，却能带来不一样的精神面貌。

图 2-1-10　涂口红

（二）局部化妆的注意事项

1. 修眉

眉毛是改变脸部形状非常重要的一部分，若眉形不合适，颜值会大打折扣。

（1）修眉（图 2-1-11）。

修眉是根据自身眉毛的生长情况和脸形，预先设想出适合自身特点的眉形，然后将多余的眉毛去除。为此，应了解标准眉的形状、比例，以及在脸部的标准位置。

（2）描眉。

第一，一般眉头的眉毛较稀，色泽较浅，所以应从眉毛中前部向眉尾描画，再用眉刷从眉头向眉中前部轻扫，自然带出眉头形状。第二，画眉时的动作要轻，力度保持一致。眉毛的深浅是通过笔画的疏密来控制，而不是通过力度的强弱。

图 2-1-11　修眉

2. 眼部修饰

（1）画眼线（图2-1-12）。从内眼角到外眼角，由细到粗；上眼线粗，下眼线细（淡妆可不画下眼线）。

（2）描绘眼线时，用一只手在上眼睑处向上轻推，或在下眼睑处向下轻拉，使上、下睫毛根充分暴露，以便描绘，且不伤眼球。

图 2-1-12　画眼线

3. 面颊修饰

（1）打底。打底时，应兼顾裸露在服装之外的颈部、前胸等处，使脸部与这些部位的肤色接近。

（2）涂腮红（图 2-1-13）。涂腮红的位置在颧骨上。一般情况下，向上不高于外眼角的水平线，向下不低于嘴角的水平线，向内不超过眼睛 1/2 的垂直线。

4. 唇部修饰

（1）涂口红前，最好先用唇线笔或唇刷画出唇线（图 2-1-14），使唇部轮廓更为清晰、立体。

（2）唇线颜色略浅于口红的颜色。

（3）先画上唇轮廓：由中央往上画至唇峰，向嘴角延伸；后描下唇轮廓：由左右两侧向中间描画。注意：左右两边的唇线应对称，上下嘴唇的连接应自然。

图 2-1-13　涂腮红

图 2-1-14　画唇线

三、口腔的清洁

保持口腔清洁是旅游从业人员讲究礼仪的重要方面。

（一）勤于刷牙

因为刷牙能减少口腔细菌、清除牙缝里的残渣积物，还可以清除口腔的异味。每次刷牙应不少于3分钟。

（二）定期洗牙

保护牙齿，除刷牙清除异物、异味外，还要注意定期去口腔医院洗牙。一般情况下，成年人每半年左右就应洗牙一次。

四、手指甲的修剪

双手的清洁程度和一个人的文明礼仪形象密切相关，反映了一个人的修养与卫生习惯。要随时清洁双手，经常修剪与洗刷指甲，保持手指甲的清洁。

【"明"礼入我心】

美国心理学家洛钦斯首先提出首因效应，也叫第一印象效应，是指与别人第一次见面时给对方留下的印象，这一印象会影响今后双方的交往。关于构成第一印象的因素，有一个著名的"73855"定律（第一印象＝7％言谈内容＋38％言谈举止＋55％仪容仪态）。

从这个公式中可以发现，决定对一个人产生第一印象的谈话内容只占到7％，38％体现在语气语调上，55％体现在外表、穿着、打扮上。可见，注重第一印象、注重形象对事业和生活是十分重要的。

对仪容的修饰体现了一个人对生活的热爱，也是纯朴高尚的内心世界和蓬勃向上的生活态度的外在表现。因此，我们需要对仪容进行必要的修饰，扬长避短，塑造自己优美的旅游从业人员形象。

【"践"礼小故事】

小莉是某大酒店的前台接待人员。一天，她和往常一样在柜台前值班，这时，一位西装革履的男士迎面走来，看上去非常具有成功男士的风范和气度。他走到柜台前，还没等小莉开口就转身离开了。小莉很困惑，为什么他会有如此大的反应呢？正当她惆怅不解的时候，经理把她叫进了办公室，"你知道刚才那位先生为什么会转身离开吗？"，小莉微微地摇摇头。经理说道："请你站在镜子面前，朗诵我们酒店的仪容规范。"小莉委屈地朗诵着,当她念道:"女员工头发要梳洗整齐,头发要捆绑好"的时候,她猛地发现,自己的一束头发零零散散地落在肩上。她恍然大悟,不好意思地离开了经理办公室。在以后的工作中,小莉特别注重自己的仪容,凭着整洁得体的面貌赢得了很多客人的赞扬。

仪容能给人直接而敏感的第一印象,美好的仪容总能令人青睐。旅游从业人员的仪容美很重要。不仅可以给客人带来快乐的心情,更容易被客人接受;还可以提升旅游从业人员的整体职业形象,是旅游服务行业品牌战略的重要组成部分。

【"执"礼任务单】

1. 旅游从业人员仪容规范的基本要求是什么?

2. 针对所学的仪容礼仪知识,对自己的仪容状况进行自查,并记录下不符合要求的地方,反思自己是否有良好的卫生习惯。

3. 掌握化妆的基本技巧,学会化职业妆。(女生必修,男生选修)

知识链接

自我测试:了解自己肤色的基调

不带妆站在镜子前,穿上白衬衫,也可以围上一块白布。把头发拢起,仔细观察自己的脸,然后结合以下测试题,为自己做出肤色诊断。

1. 皮肤的颜色如何?(　　)
   A. 皮肤的基调偏黄　　　　　　B. 皮肤的基调偏青
2. 瞳孔的颜色如何?(　　)
   A. 偏棕黄的茶色　　　　　　　B. 纯黑、焦茶色、发灰的茶色
3. 眼白的颜色如何?(　　)
   A. 象牙白、泛黄的米色　　　　B. 纯白、泛蓝的灰白色
4. 头发的颜色如何?(　　)
   A. 暗棕色、亮茶色　　　　　　B. 乌黑、较柔和的黑色
5. 脸颊的颜色如何?(　　)
   A. 偏橙的红　　　　　　　　　B. 偏粉的红
6. 通常哪类口红颜色更适合你?(　　)
   A. 砖红色、杏粉色　　　　　　B. 酒红色、玫瑰红色
7. 通常穿哪种颜色的上衣让你获得更多的赞美?(　　)
   A. 苔绿色、亮黄绿色　　　　　B. 正蓝色、浅蓝色

● 选 A 项在 4 个及以上的人:
你的肤色属于暖色调。

● 选 B 项在 4 个及以上的人:
你的肤色属于冷色调。

● 选 A 项和 B 项同样多的人:
你的肤色属于混合型。这类人很难确定自己的皮肤色调。

学习情景二 职业形象塑造篇——衣冠礼乐

任务二 职业仪表基本要求——"穿"出职业风范

任务背景

李玲在一家国有企业工作，有一天，领导派她代表公司前往上海参加一个大型的外贸商品洽谈会。为了给外商留下良好印象，李玲精心打扮了一番，专门穿了一件蓝色的上衣和一条黑色的西裤。然而，在这场洽谈会上，有不少外商对她敬而远之，甚至连和她打招呼的意愿都没有。李玲觉得很困惑，事情为什么会变成这样？原来，国外商界人士认为职业女性在正式场合穿着的服装中，套裙是首选。在当时的场合里，几乎所有女士都穿着得体的西装套裙，而李玲的着装显然稍显懈怠。在正式场合穿套裙不仅是对别人的尊重，也能彰显女性的高雅气质和独特魅力。

在职场，穿衣是一门学问，也是一项"形象工程"，在职场中，合理的穿着打扮会给人增色不少。

旅游从业人员每天要面对来自五湖四海的客人，着装颇引人注目，怎样着装才是合适的呢？

任务概述

1. 了解掌握旅游从业人员的仪表要求。
2. 学会正确穿着职业装。
3. 初步养成形象意识，塑造得体、大方的职业形象。

【基础技能1——"是"礼学其规】

仪表主要指人的着装。服装的穿着，是基于自身的阅历、修养、审美品位，对服装进行的精心选择、搭配和组合，在一定程度上反映着一个人的个性、爱好、职业、文化素养和审美品位，被视为人的"第二肌肤"。

服装大师香奈尔曾说："当你穿着邋遢时，人们注意的是你的衣服；当你穿着无懈可击时，人们注意的是你。"作为旅游从业人员，必须重视个人着装，借此向客人展示自己良好的外在与美好的内在，以获得客人的好感与信任。

旅游从业人员在着装上，要做到干净整洁、熨烫平整、美观得体、色彩和谐，有较强的共同性与职业感。

一、旅游从业人员制服着装要求

（一）制服

制服是指由企业统一制作，并要求某一部门、某一职级的员工统一穿着的服装，是面料统一、色彩统一、款式统一、穿着统一的正式职业服装。

（二）制服的作用

穿着制服，会让企业员工产生一种认同感、归属感、责任感、荣誉感，从而在意识上产生与企业荣辱与共的心态；便于同事间职务的辨别，使管理层级分明，较能发挥团队精神，提高工作效率。

整齐划一的形象，可以使客户有舒适的视觉感；对企业的产品与服务，较易产生信任感；对企业的文化背景和制度，更容易产生认可感；因视觉上的井然有序而容易产生安全感等。

（三）制服穿着要求

每天上岗前，旅游从业人员应穿着制服，做到着装的规范、清洁、挺括、整齐、美观。

（1）规范穿着，不挽袖，不卷裤，不漏扣，不掉扣。

（2）要清洁、挺括，做到无污垢、无油渍、无异味，领口与袖口处尤其要保持干净。衣裤不起皱，穿前要烫平，穿后要整好，做到上衣平整、裤线笔挺。

（3）领带、领结、飘带与衬衫领口要吻合紧凑且不系歪。

（4）工号牌或标志牌，要佩戴在左胸止上方。

（5）有的岗位还要求佩戴帽子与手套。

（四）制服穿着四忌

一忌污垢，二忌折皱，三忌残破，四忌乱穿。

二、旅游从业人员西装的穿着要求

（一）面料

选择纯毛料或含毛量高的毛涤织物，因为这些面料舒适、挺括、有弹性。

（二）颜色

藏蓝色、黑色、深蓝色都是很好的选择，灰色也可以。

（三）图案

以无图案的或有隐形细竖条纹的西装为宜。

（四）长度

上衣包括衣长与袖长。衣长宜与垂下手臂时手指的虎口相齐；袖长应在距手腕1~2厘米处。裤长应以裤脚接触脚背为妥。

（五）领子

穿着后，西装领紧贴衬衣领，并低于衬衣领1~2厘米。这样既可保护西装领子，又可显示穿着的层次。

（六）扣子

西装分双排扣（图2-2-1）、单排扣（图2-2-2和图2-2-3）两种。双排扣的西装，扣子要全部扣上。单排扣多用二粒扣、三粒扣。二粒扣：扣上一粒；三粒扣：扣上面两粒。入座前，需要将西装上衣扣子全部解开，以免西装产生褶皱；起立时，第一时间扣好扣子。

图2-2-1 双排扣

图2-2-2 单排扣（一）

图2-2-3 单排扣（二）

（七）口袋

上衣胸部外口袋只宜放装饰性饰物，如手帕、装饰花。两侧口袋尽量不放东西，以免西装变形。物品量少的，可装在上衣内侧衣袋里。裤子口袋不宜装重的、大型的物品，以免破坏裤型。

（八）衬衣

在正式场合，应选择单色的衬衣（图2-2-4），最好是白色的。衬衣领要挺括、干净。打领带时领口需扣好；不打领带则不扣。衬衣内不宜再穿其他衣物。

图2-2-4 衬衣

（九）领带

领带通常被称作"男士服饰的灵魂"。领带结应大小适中，造型漂亮。领带的长度以领带大箭头正好垂到腰带扣上端为最佳。若用领带夹，则在衬衣第三、第四个扣子之间，其仅有固定性，不具装饰性，不能外露。

领带结（图2-2-5）应与西服领型和衬衫领型相协调。温莎结（其打法图解见图2-2-6）的形状最为稳重，适合搭配较宽的领子。

图2-2-5　领带结

图2-2-6　温莎结打法图解

（十）鞋袜

皮鞋，黑色最好。宜穿中筒袜，深色为主，也可与裤、鞋同色。不能穿白色袜子、运动袜、尼龙丝袜。

三、旅游从业人员西服套裙的着装要求

相比男士职业装，女士职业装的款式、色彩、长度，有着更为丰富的选择。但显得最为正式、庄重，更具职业感与代表性的是西服套裙。那么，穿着西服套裙的基本要求有哪些呢？

（一）面料

上衣与裙子使用同一种面料。面料应质地上乘，毛纺或亚麻最佳，因为其平整、挺括、有弹性。

（二）颜色

上衣与裙子为同一颜色。一般而言，以冷色、素色为主，如黑色、藏蓝色、深蓝色、灰色、米色、棕色等。

（三）图案

宜无图案，也可选择各种或明或暗宽窄格子条纹图案，但无论有无图案，都应朴素、简洁。

（四）款式

西装上衣搭配一步裙最佳，如图2-2-7所示。

（五）长度

上衣最短可齐腰，裙装最好及膝。

（六）扣子

为显庄重，不可解开扣子。

图2-2-7　西装上衣搭配一步裙

（七）衬裙

穿丝、麻、棉等薄型面料套裙时，里面一定要穿一条与外裙相协调的衬裙，以免内衣外露，有失雅观。

（八）衬衣

选择白色、浅蓝、浅粉等单色衬衣居多，也可有简单的线条或细格。款式简洁，不带花边或褶皱。衬衫下摆应放在裙腰内。

（九）皮鞋

皮鞋（图2-2-8）被誉为女士的"足上时装"。穿着时以包脚的高跟或半高跟的船式皮鞋为宜，颜色与西服套裙一致是最佳搭配。露出脚趾、脚后跟的皮鞋，有亮片或水晶装饰的皮鞋都不宜在工作场合出现。

图2-2-8　皮鞋

（十）丝袜

丝袜被称为女士的"腿部时尚"，分为高筒丝袜和连裤丝袜等。正式场合不可光腿，应特别注意丝袜的长度、色泽、好坏、厚薄等。让袜边暴露在裙子外面，既无品位，又不礼貌。丝袜如有破洞、跳丝，需及时更换。

【基础技能2——"非"礼勿其行】

一、旅游从业人员在着装修饰上的禁忌

（1）服装上有污垢、油渍、落发、头皮屑、异味等，给人邋里邋遢之感。

（2）服装皱皱巴巴。

（3）服装有漏缝、破边、掉扣、漏扣、错扣等状况，给人不修边幅、丢三落四之感。

（4）卷袖挽裤、敞胸露怀，给人修养不足、素质不高之感。

（5）鞋袜穿着有异味、与服装风格不吻合。

二、女士正式场合着装的六大雷区

1. 过分杂乱

不按照正式场合的规范化要求着装，易给人留下不良印象，如光脚不穿丝袜，不够端庄、正式；在重要场合穿套裙时，不穿连裤丝袜，出现"三截腿"等。

2. 过分鲜艳

在正式场合的着装颜色太繁杂，过分耀眼。不管穿制服还是套装，都需要遵守三色原则，女性旅游从业人员身上的颜色除黑、白、灰外，其他颜色不要超过三种。在重要场合穿着的套装应尽量没有图案，以颜色淡雅为佳。套装上的文字、图案、质地、设计感都要与场合相协调，尤其是印有字或卡通图案的服装，更要慎重选择；否则，看起来显得不够稳重，不懂礼貌。

3. 过分暴露

在工作场合不要暴露胸部、肩部、腰部、背部、脚趾、脚跟，此所谓"工作场合六不露"。不能穿无袖装，因为无袖装显得不够正式。

4. 过分透视

在正式场合中着装过分透明就会有失对别人的尊重。在重要场合注意不能让别人透过外衣看出内衣的颜色、款式等，否则有失礼貌。另外，还要注意内衣的肩带不要露出外衣。

5. 过分短小

过短的服装如超短裙、露脐装、露肩装等，在日常的工作场合、正式场合是不能穿着的。否则有失庄重，也是不尊重自己和别人的表现。

6. 过分紧身

在正式场合不可以穿过分紧身的衣服，否则会突出身体的轮廓，这样的穿着不符合正式场合庄重、严肃的氛围。

【提升技能——"用"礼展形象】

你会为自己搭配最合适的衣服吗？下面我们来学习基本的着装原则吧！

一、"TPO"原则

这是世界通行的着装原则,又称"魔力原则"。"T"指 Time,代表时间、季节、时令、时代等;"P"指 Place,代表地方、场合、位置;"O"指 Object,代表目的、目标、对象。

"TPO"原则追求"和谐为美",即服饰要强调应己、应时、应景、应事、应制等。

着装没有绝对的对错,只有场合的对错。只有注重区分场合穿衣,才能给人留下非常好的印象。从着装礼仪的角度来讲,一般有三大场合。第一个场合是职业场合,基本要求是庄重保守,最为标准的是深色毛料的套装、套裙或制服;第二个场合是社交场合,基本要求是时尚个性;第三个场合是休闲场合,基本要求是舒适自然。

二、配色原则

色彩在很大程度上是服装穿着成败的关键,会使人对服装印象深刻。色彩对别人心理感受的刺激最快速、最强烈、最深刻,也被称为"服装之第一可视物"。

人们着装时,在色彩的选择上既要考虑个性、爱好,又要兼顾季节、场合与别人的观感,还要注意色彩的特性和色彩的搭配。

(一)色彩的特性

色彩的冷暖。使人产生温暖、热烈、兴奋之感的色彩称为暖色,如红色、黄色;使人有寒冷、抑制、平静之感的色彩称为冷色,如蓝色、黑色、绿色。

色彩的明度(图2-2-9)。色彩明暗变化程度被称为明度。不同明度的色彩往往给人以轻重不同的感觉。色彩越浅,明度越强,越可给人以上升、轻盈之感。色彩越深,明度越弱,越给人以下垂、厚重之感。

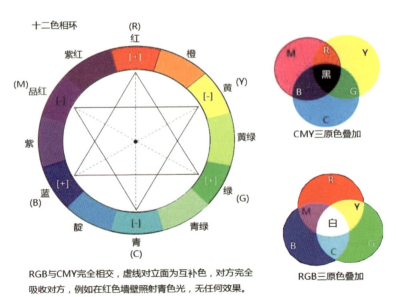

图2-2-9 色彩的明度

（二）色彩的搭配

一般来说，黑、白、灰是服装搭配时常用的三种颜色，它们最容易与其他颜色的服装搭配并取得较好的效果。这三种颜色被称为安全色。

色彩的搭配主要有三种方法：

1. 统一法

即配色时尽量采用同一色系之中各种明度不同的色彩，按照深浅不同的程度搭配，以便创造出和谐感。

2. 对比法

配色时运用冷暖色、深浅色、明色等两种特性相反的色彩进行组合。它可以使着装在色彩上产生强烈反差，静中求动，突出个性，但有一点要注意，运用对比法时忌讳上下1/2对比，否则会给人以拦腰截断的感觉，要找到黄金分割点，即在身高的1/3点处变换色彩才有美感。

3. 呼应法

配色时在某些相关部位刻意采用同一色彩，以便使其遥相呼应，产生美感。

（三）与肤色相配

浅黄色皮肤的人对色彩没太多要求；皮肤较黑的人，要尽量避免穿深色服装；肤色呈病黄或苍白的人，最好不要穿紫红色的服装，以免使脸色呈现出黄绿色，加重病态感；皮肤黑中透红的人，则应避免穿红、浅绿等颜色的服装，而应穿浅黄、白等颜色的服装。

（四）三色原则

在日常生活中，服装配色可以稍微丰富一些，但如果是在正式的场合，一般讲究"三色原则"，即从上到下所穿衣服（包括皮带、领带、皮鞋等）的颜色不能超过三种。

此外，用一种颜色作为底色，另一种颜色作为点缀，也可以起到"万绿丛中一点红"的效果。例如，白色连衣裙配黑色（或红色、深蓝色、深紫色、金色等）细腰带。

【"明"礼入我心】

服装最初的功能是遮身蔽体，然后演变成一张能体现民族文化特色乃至价值观的名片，它也从一个角度揭示了人类文明的进步史。在日常生活中，人们往往可以通过服装看出一个人的性格和思维情感特点，但有些旅游从业人员对着装问题没有引起足够的重视，想穿什么就穿什么。旅游从业人员的着装看似是个人行为，实际上却蕴含着职业情感、职业行为和职业认知三方面的意义，因此并非小事，需引起我们足够重视。

职业形象，无声胜有声。在职场，你的形象是"推销自己"的首要工具；在职场，你的形象就是企业的品牌。职业化着装，体现出对服务对象的尊重，能提升职业的自豪感、责任感，是敬业、乐业等职业精神的具体表现，同时，还能提升企业的形象，展现企业的工作作风。因此，旅游从业人员有必要重视工作着装，学会分场合着装，为旅游事业锦上添花！

【"践"礼小故事】

　　小王是某旅游学校的毕业生。在校期间，小王成绩优秀、表现优异，还曾代表学校参加全国技能大赛并获得一等奖。因此，在求职时，她充满自信。

　　刘老师的朋友是某公司的高管。该公司实力雄厚，福利待遇好，自然对员工要求也高。小王经刘老师推荐，前去该公司应聘前台接待一职。面试前，刘老师提醒小王认真准备，小王表面上答应了，心里却并不在意，她觉得自己的履历才是竞争的法宝。结果，当天面试的人员全部没有过关。刘老师询问做高管的朋友，他表示没有任何应聘者令他满意。

　　因一直未选到合适的人员，几天后，该公司通知第一轮面试中部分人员去复试。这一次，小王换上了得体的职业装，精心地化了淡妆，也认真地把头发盘了起来。再次来到面试官面前的小王，让他们眼前一亮。最后，小王应聘成功了。

　　小王的两轮面试经历，给了我们什么启发？

　　"形象"已成为21世纪人类的第一语言，它真实地体现着个人的教养与品位，客观地反映出个人的精神风貌与生活态度，如实地展现了对交往对象的重视程度。美国著名潜能激发大师安东尼·罗宾再三强调，"形象包装"是最直接、最快速地协助人实现目标的必备工具，这张无声的"形象名片"，能深刻地影响人的一生。

　　另有研究表明，"以貌取人"是职场中的常态。几乎所有国际大机构都非常重视企业员工的形象塑造，力图把形象这种静态的因素变成一种动态的竞争力，使其成为企业提高市场竞争力的有力武器。

　　人们的着装影响着外界对待我们的态度。工作场合职业装的穿着境界是，凭借得体的衣着塑造你的职业形象，增强你的职业素养，从而使别人更加重视你的工作、产品、服务和企业。

【"执"礼任务单】

1. 旅游从业人员西装的着装要求是什么？
2. 简述服装选择的原则。
3. 按照学校的校规，总结穿着校服的礼仪规范要求。
4. 针对自己所学专业，收集关于岗位的着装要求，找出这些要求和学校对校服的要求的异同点并分析原因。

知识链接

服装款式的选择要结合自己的身材特征

人的体型（图2-2-10）的分类方法很多，本书中分为梨型、倒三角型、圆润型、直线型、凹凸型五种。下面介绍每种体型的特点：

1. 梨型身材

梨型身材的特点是上小下大，肩部窄，腰部粗，臀部大。梨型身材的人在选择上衣时，最好使用垫肩，使上下身比例保持均衡。为了避免扩大下身的效果，最好不要选择紧身上衣、宽皮带、宽裤腿等服装款型。梨型身材适合的服装款式是上长下短，不加皮带的外套、连衣裙或梯型线条的瘦长直筒裙等。胸部以上用略浅淡或鲜艳的颜色，使视线忽略下半身。注意上半身和下半身的用色对比不宜强烈。

2. 倒三角型身材

倒三角型身材的特点是宽肩窄臀。倒三角型身材适合穿各类服装，但需注意不要使用垫肩，以免上身显得魁梧。上装的色彩要简单，在腰部周围可以运用对比色与上半身形成对比，来强调纤细的腰部。上半身用色要回避鲜艳或对比过于强烈的颜色。

3. 圆润型身材

圆润型身材的特点是肩部窄，腰部和臀部圆润。领口部位适宜用明亮鲜艳的颜色，身上的颜色要偏稳重，最好穿一种颜色、纵向切割的颜色或渐变的颜色。

4. 直线型身材

直线型身材通常显得瘦高。直线型身材应避免穿露颈部较多的低领口的衣服。直线型身材的人适合的是轻飘有动感的服装类型，如横条纹、浅颜色、杂色的服装等。多使用明亮或浅淡的颜色，进行对比色搭配。注意不宜选择深色、暗色的服饰。

5. 凹凸型身材

凹凸型身材的特点是隆胸蜂腰。适合穿合体的套装和束皮带的衫、裙。不宜穿宽松的罩衫，避免掩盖纤腰。

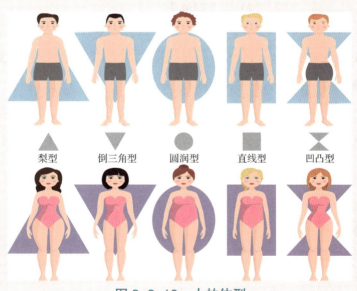

图2-2-10　人的体型

学习情景二　职业形象塑造篇——衣冠礼乐

任务三　职业配饰基本要求——"搭"出职业典范

任务背景

小黄去一家旅行社参加董事长助理的最后一轮面试。为确保万无一失，这次她精心打扮了自己。一身前卫的衣服、时尚的手链、造型独特的戒指、亮闪闪的项链、新潮的耳坠，可以说身上每一处都是焦点，简直是无与伦比、鹤立鸡群。况且她的对手只是一个相貌平平的女孩，学历也并不比她高，所以小黄觉得胜券在握，但结果出乎意料，她没有被这家旅行社认可。主考官抱歉地说："你确实很漂亮，你的服装配饰也令我赏心悦目，可我觉得你并不适合做助理这份工作，实在很抱歉。"小黄在佩戴饰品方面有哪些不妥之处？

任务概述

1. 理解旅游从业人员佩戴饰品的原则。
2. 掌握旅游从业人员佩戴饰品的基本要求。

【基础技能1——"是"礼学其规】

饰品，又称首饰、饰物，是人们在穿着打扮时所使用的装饰品，起到衬托和适当点缀服装的作用。一般人佩戴恰当的饰品能传递信息、表情达意、扬长避短、画龙点睛、增加美感；而作为旅游从业人员在佩戴饰品时，一定要符合自己的身份，以少为佳。

旅游从业人员工作时一般允许佩戴的首饰为耳钉、戒指、手表，不能佩戴的首饰有手链、手镯、脚链等。

一、耳钉

旅游从业人员在工作中以佩戴小巧含蓄又不妨碍工作的耳钉（图2-3-1）为宜。讲究成对佩戴，即每只耳朵佩戴一枚，不宜同时在一只耳朵上戴多枚耳钉，样式最好是保守的，镶嵌物直径不宜超过5毫米。

图2-3-1　耳钉

二、戒指

佩戴戒指时，一般讲究佩戴在左手上，最好仅佩戴一枚，而且戒指的设计要简单，镶嵌物直径不宜超过5毫米。在旅游服务行业中，一般除了餐饮、食品销售部门以外，旅游从业人员大多可佩戴一枚戒指，但也有旅游企业会要求在服务岗位上除手表外，不可佩戴其他饰品。

三、手表

在正式场合佩戴的手表（图2-3-2）款式应简洁、大方，刻度明显（时针、分针），表带最好是金属或皮制的，宽度不超过2厘米，颜色限制在黑、棕、蓝、灰。一般不允许佩戴休闲、卡通及带有装饰物的手表。

图2-3-2　手表

【基础技能2——"非"礼勿其行】

在工作场合，饰品的佩戴，意在精妙，贵在精华，尽量以款式简单、色泽淡雅为主。在佩戴饰品方面要避免出现如图2-3-3所示的情况。

一、款式夸张

旅游从业人员佩戴过于夸张和过于贵重的饰品会引起客人的不适。

图2-3-3　不宜佩戴的饰品

二、色彩耀眼

要注意同质同色，色彩要协调，五花八门、色彩杂乱的饰物会让人觉得佩戴者修养欠佳。

三、数量众多

旅游从业人员饰物佩戴数量以少为佳，一般而言，佩戴首饰时，总量上不宜多于三种，每种则不超过两件。

学习情景二　职业形象塑造篇——衣冠礼乐

【提升技能——"用"礼展形象】

巧妙佩戴饰品能够起到画龙点睛的作用。在一般场合，身上的饰品不要超过三种，且每种不要多于两件，否则会分散对方的注意力。旅游从业人员工作时通常不佩戴饰品。在出席某些场合需要佩戴饰品时，应该遵循以下原则：

一、应尽量选择同一色系

比如，选择了黄金项链，其他与之相配的首饰，如戒指、耳环也应该是黄金质地的。

二、佩戴饰品的款式应该一致

若佩戴多种饰品，应保持各饰品（如耳环、项链、戒指、手镯等）在风格上一致。

三、饰品应与环境相协调

不同季节应选择佩戴不同饰品。比如，夏季可佩戴色彩鲜艳的饰品，以体现夏日的浪漫；冬季可择宝石、金银等饰品，以显示高雅和清纯。在工作场合，要选择淡雅简朴的饰品，如珍珠、铂金等。参加晚宴时，则要选择华贵亮丽的饰品，如钻石等。

四、饰品应与服装相协调

艳丽的服装应以淡雅的饰品相配，甚至可以不佩戴饰品。单色的服装应该与色彩明亮、精巧的饰品相配。职业套装搭配丝巾和胸针可以增添一些色彩，令我们的形象变得更柔和。

五、饰品应与相貌相协调

饰品要与自己的体型、脸型、发型、年龄等相协调，这样就可以利用饰物来掩饰自己的不足。比如，脖子较长的人，不要佩戴太长的项链；脸型较短的人，选择垂形的耳饰比较好；年龄较长的女士，则要选择比较精致的饰品；年轻的女士则可以尝试各类材质的饰品，突出个性与青春活力。

【"明"礼入我心】

作为旅游从业人员一切要以服务对象为中心，在工作岗位上佩戴饰品时，一定要符合自己的特定工作身份，要正确进行自我定位，摆正自己和客人之间的关系，绝不可本末倒置、喧宾夺主，将自己凌驾于客人之上。

【"践"礼小故事】

女士服饰搭配技巧

在法国女士看来，穿得对比穿什么更重要。法国女士很懂得服装搭配，绝少见到有人以花衬衣配花短裙的，因为这样穿会被人讥笑。走在大街上婀娜多姿的法国女士，她们的衣服不一定华贵，但是裁剪得体，颜色搭配得宜，再加上一些配件，美得令人注目。

法国女士在打扮上少不了这些：优雅的胸针、高跟鞋、丝巾和其他散发品位的配饰。

饰物搭配是否协调，涉及一个人的教养和品位的问题。选择职业的配饰，以"宜少不宜多、宜精不宜糙、宜简不宜繁"为原则，意在精妙，贵在精华，尽量以款式简单、色泽淡雅的为主，如典雅的胸针、精致的耳钉等。

饰品的作用主要是对整体服装起到提示、浓缩或扩展的作用，以增强一个人外在的节奏感和层次感。穿职业装时，最适合佩戴珍珠或做工精良的黄金、铂金等饰品。

【"执"礼任务单】

1. 请你试着说一说佩戴时饰品应遵循的原则。

2. 案例分析

丽丽是昌达贸易公司的业务员，她外形靓丽，时尚青春，工作主动性非常强，经常加班，业绩也不错，但她到昌达公司三年了，一直没有得到升迁机会，丽丽不明白是什么原因。

丽丽对于流行因素非常敏感，装扮时尚性感，发型每隔一段时间就会有新变化，颜色也在不断调整，金黄色、酒红色……，总是让同事眼前一亮，脸上的妆面就如同经常翻新的服装一样，变化多端，有着一副好身材的她，在夏季时紧身衣、透视装、露脐装、低腰裤轮流换，各种小配饰不断更新，办公室的男士都觉得丽丽很养眼，经常跟她开玩笑，丽丽从不恼怒。注重个人形象的她，喜欢照镜子，常在办公室补妆，若是看到哪位女同事的口红、眼影是自己没有的，她一定缠着别人借来试用一下，看看效果如何。热情开朗的丽丽，对同事也好，对客户也好，交谈时喜欢靠得很近，眼睛一直关注着对方，手势语也非常丰富。丽丽近年来发展了不少客户，而与她同时进入昌达贸易公司的陈娟，虽然业绩不如丽丽，却已经升迁为主管了，丽丽只是增加了薪酬，对于很希望在事业上有所发展的丽丽而言，她感到很困惑，难道我的工作能力不如陈娟，领导为什么不提拔我呢？

想一想：（1）请你为丽丽分析一下，为什么她没有得到升迁的机会？

（2）丽丽应该怎么做才能改变只能加薪不能升职的现状？

（3）你对丽丽有何建议？

学习情景二 职业形象塑造篇——衣冠礼乐

知识链接

饰品分类

一、按种类分类

（一）首饰类

1. 头饰

主要指用在头发四周及耳、鼻等部位的装饰，具体可分为：

（1）发饰（发夹、头花等）。

（2）耳饰（耳环、耳坠、耳钉等）。

（3）鼻饰（多为鼻环）。

2. 胸饰

主要用在颈、胸背、肩等处的装饰，具体可分为：

（1）颈饰（项链、项圈、丝巾、长毛衣链等）。

（2）胸饰（胸针、胸花、胸章等）。

（3）腰饰（腰链、腰带、腰巾等）。

（4）肩饰（多为披肩之类的装饰品）。

3. 手饰

手镯、手链、臂环、戒指、指环等。

4. 脚饰

脚链、脚镯等。

5. 挂饰

钥匙扣、手机挂饰、手机链、包饰等。

（二）其他类

主要有妆饰类（化妆用品类、文身贴、假发等）、玩偶、钱包、用具类（珠宝首饰箱、太阳镜、手表等）、鞋饰、家饰小件等。

二、按工艺手段分类

可以分为镶嵌和不镶嵌两大类。

三、按用途分类

（一）流行饰品类

1. 大众流行

追求饰品的商品性。多为大批量机械化生产，量贩式销售。

2. 个性流行

追求饰品的艺术性、个性化，仅少量生产，多为手工制作，限量销售。

（二）艺术饰品类

1. 收藏

不宜佩戴，供收藏用。

2. 摆件

供摆设陈列之用。

3. 佩戴

倾向实用化的艺术造型贵金属饰品。

融入个人魅力　展现礼仪风采

塑造良好的职业形象，不仅是个人外表的体现，更是礼仪修养的体现。看似容易，实则不易，需要在点滴小事中注意，礼仪无小事，细节展魅力。职业形象越来越被企业所重视，职中学生由校园走向社会，需要包装自己，现阶段不仅是专业能力、个人技能的包装，对职业形象的塑造包装也同等重要，因为员工的形象除了代表个体形象，也代表着企业形象和品牌形象。

中职生提高职业形象需要注意并做到以下4点：

1. 基本知识

提高职业形象，需要内外兼修，了解职业形象的基本常识，阅读《职业形象塑造》、《我造我型》、《配色手册》、《化妆造型师手册》等相关书籍，培养形象意识，知道了应该注意什么，才能够很好的去做。

2. 注意练习

按照形象礼仪的要求来进行练习，如化妆技巧、服装搭配等。让自己从发部、面部、口部、手部、仪表等方面都要有所改变，提高自己的外在形象，给别人以美的感受。

3. 学以致用

中职生在求学期间应结合自己的专业特点和未来的工作环境性质，认真学习了解职业形象相关的知识，在日常生活中学以致用，才能在未来的求职就业中更好的把握机会。

4. 持之以恒

良好职业形象的塑造，不是短时间能完善的。它需要了解职场形象所包含的内容如仪容礼仪、仪表礼仪、配饰礼仪等，提升个人形象的审美品位，积极践行，才能呈现出迷人的职业形象。

学习情景三

职业仪态塑造篇——恭而有礼

任务一 站姿——"站"出挺拔身姿

任务背景

仪态美是个人职业形象塑造中的一个重要部分，站立姿势是仪态美的起点和根本。站姿是一种静态的身体造型，同时又是其他动态身体造型的基础。规范的站姿能给客人留下挺拔舒展、精神饱满、信心十足、积极向上的好印象，传递出旅游从业人员爱岗敬业的精神。

任务概述

1. 理解站姿要领。
2. 掌握正确的站立姿势，养成良好的站立习惯。

【基础技能1——"是"礼学其规】

"站如松"：站得挺拔、端正、自然、亲切、稳重。

站姿基本要领如下：

上身正直，头正目平、面带微笑、微收下颌；肩平挺胸、收腰收腹；两臂自然下垂、双手在背后或体前交叉；两腿相靠直立、肌肉略有收缩感；身体重心放在两腿中间，两脚跟相靠，脚尖分开45~60度。

一、常见站姿手位

站立时，双手可采用下列几种手位之一：

任务一 站姿——"站"出挺拔身姿

（一）侧放式

侧放式如图 3-1-1 所示，双手呈自然半握状，放置于身体两侧（男女士通用）。

女士常用站姿手位

（二）女士前腹式

女士前腹式如图 3-1-2 所示，四指并拢，拇指交叉，藏于手心内，右手搭在左手上叠放于腹前。

（三）男士前腹式

男士前腹式如图 3-1-3 所示，五指并拢，右手搭在左手上，放于腹前。

男士常用站姿手位

（四）后背式

后背式如图 3-1-4 所示，五指并拢，右手搭在左手上，置于腰以下，臀部以上的位置（男士专用）。

后背式

图 3-1-1　侧放式

图 3-1-2　女士前腹式

图 3-1-3　男士前腹式

图 3-1-4　后背式

二、常见站姿脚位

站立时可采取以下几种脚位：

（一）V 型脚位

V 型脚位（图 3-1-5）脚跟相靠，脚尖分开不超过 60 度（男女士通用，但女士较多使用于穿着裤装时）。

（二）平行脚位

平行脚位（图 3-1-6）双脚平行分开不超过肩宽，脚尖方向同膝盖方向一致（男士专用）。

（三）"丁"字型脚位

"丁"字型脚位（图 3-1-7）一只脚脚尖正对前方，另一只脚脚内侧与前脚脚跟相靠。（女士专用，较多使用于穿着裙装时）。

图 3-1-5　V 型脚位

图 3-1-6　平行脚位

图 3-1-7　"丁"字型脚位

【基础技能 2——"非"礼勿其行】

不得体的站姿有如下几种：
（1）头歪、含胸、耸肩、驼背。
（2）站立时身躯不正，重心在一条腿上。
（3）双臂交叉抱在胸前，双手叉腰或插入裤袋。
（4）双腿不停地抖动。
（5）倚墙靠桌，身体歪斜。

【提升技能——"用"礼展形象】

一、服务与交往中的站姿

（一）回答问询时的站姿

（1）服务对象走近时，停止手中的工作，起身站立，回答问题。
（2）站立交谈时，目视对方，面带微笑，是对客人尊重的一种表现。

（二）与人沟通时的站姿

面向对方站立，保持一定距离。

（三）正式场合时的站姿

站立时双手不能插在衣袋里。

（四）劳累时的站姿

将两腿微微分开，身体重心移向左脚或右脚，通过重心的调节缓解劳累。

二、体态礼仪训练

通过练习站姿礼仪操,掌握站姿要领,规范站姿动作。

具体动作要领:双手五指张开,上举到头顶,双脚前后点地,基本站姿展示,男女有别,双臂前后摆动,四面转体。

站姿礼仪

【"明"礼入我心】

站姿是一种无声的语言。在服务时,旅游从业人员规范、挺拔的站姿能让客人体会到旅游从业人员极高的个人素养、专业素质、服务态度,提升客人的消费感受,进而带动客人的消费行为。相比职业仪容、仪表,职业仪态更为生动、直接地表现了个人的内在修养与内心情感。

练习站姿,首先要在精神上锤炼自己;其次是外在形态的标准化。因为外在形态仅仅是"仪"的部分,我们需要先从内心坚定做人的根本,这样才能获得内外兼修的气质。

【"践"礼小故事】

酒店培训刚开始,培训部经理就请了几名新员工来展示她们的站姿,张莉也是其中之一。张莉自信满满地摆出了自认为最"美丽"的站姿,等待着经理和其他员工的赞美声……培训部经理请其他员工对每个人的站姿一一进行点评。当点评到张莉时,有人说"柔弱有余,自信不足",也有人说"看着快倒下了"……张莉尴尬不已。经过培训部经理的纠正,张莉调整了自己的站姿,隐去过多的"柔",使自己站得更挺拔。

人们常用"挺拔舒展""亭亭玉立""傲然屹立"等词形容仪态美。爱美之心人皆有之,人们对美的要求越来越高。仪态美是个人形象塑造中的一个重要部分,而站姿是最基础的仪态动作。站姿可以体现一个人的精气神,在迎接客人、对客服务等环节,旅游从业人员挺拔的、规范的、充满自信的站姿可以传递出旅游从业人员专业的、敬业的精神,这正是一名旅游从业人员应该具备的基本素质。

【"执"礼任务单】

1.面对镜子审视自我,检查自己的站姿及整体形象,发现问题及时纠正。

2.采用背靠墙、背靠背、头顶书等方法,坚持练习,让自己有一个完美的站立姿势。

学习情景三　职业仪态塑造篇——恭而有礼

> **知识链接**

站姿训练要领

九点靠墙，即后脑、双肩、臀部、小腿、脚跟靠墙壁，由下往上逐步确认姿势要领。

女士脚跟并拢，脚尖分开不超过60度，两膝并拢；男士双脚分开站立，与肩同宽。

立腰、收腹，使腹部肌肉有紧绷感；收紧臀肌，使背部肌肉紧压脊椎骨，感觉整个身体向上延伸。

挺胸，双肩放松、打开，双臂自然下垂于身体两侧。

脖子向上延伸，双眼平视前方，脸部肌肉自然放松。

在站姿训练过程中，如女士的双膝无法并拢，可继续努力收紧臀肌，强化训练会使两腿间的缝隙逐渐减小，从而达到拥有笔直双腿的效果。

每天训练20分钟，以21天为一个周期，坚持若干个周期后，就会获得健康、自信、挺拔的站姿。

任务二　坐姿——"坐"出端庄仪态

任务背景 →

在各种社交场合，坐姿是非常重要的仪态举止。作为旅游从业人员，什么样的坐姿才是端庄稳重的呢？

任务概述 →

1. 理解坐姿要领。
2. 掌握正确的坐姿，养成良好的坐姿习惯。

【基础技能1——"是"礼学其规】

"坐如钟"：坐相要像钟一样端正、稳重、优雅，这是体态美的重要内容。

坐姿基本要领如下：

入座时，轻而缓，走到座位前面转身。右脚后退半步，左脚跟上，然后平稳地坐下；坐下后，上身正直，头正目平，嘴巴微闭，面带微笑；腰背稍靠椅背；两手相交放在两腿上；两腿自然弯曲，小腿与地面基本垂直，两脚平落地面，两膝间的距离，男士以松开一拳为宜,女士则以不分开为好。女士入座时,要用手把裙子后摆向前拢一下。

一、常见坐姿手位

常见坐姿有以下两种手位:

(1)女士常见坐姿手位如图3-2-1所示,四指并拢,拇指交叉,右手搭在左手上叠放于大腿中间。

(2)男士常见坐姿手位如图3-2-2所示,手指自然并拢,掌心向下,分别轻放在大腿上。

图3-2-1 女士常见坐姿手位

图3-2-2 男士常见坐姿手位

二、常见坐姿脚位

常见坐姿有以下几种脚位:

(1)女士基本坐姿脚位和男士基本坐姿脚位如图3-2-3和图3-2-4所示,双膝双腿并拢,大腿与小腿成90度,大腿与上身成90度(这是最基础的坐姿,男女士通用)。

图3-2-3 女士基本坐姿脚位

图3-2-4 男士基本坐姿脚位

(2)女士前伸后点式坐姿(图3-2-5),一脚略前伸,前脚跟与后脚尖在一条水平线上,后脚脚尖点地,脚跟上提(女士专用)。

（3）女士侧点式坐姿（图3-2-6），双腿小腿紧并，向一侧侧伸，脚尖点地（女士专用）。

（4）女士交叉式坐姿（图3-2-7），双腿双脚紧并，向一侧侧伸，一脚全脚着地，另一脚脚尖点地放于一脚的后面，脚踝相靠（女士专用）。

（5）女士企业式坐姿也称为叠坐（图3-2-8），双腿双脚紧并，向一侧侧伸，一脚着地，一腿在上，抬起的腿绷脚尖（女士专用）。

侧点式坐姿

交叉式坐姿

图3-2-5　女士前伸后点式坐姿　　图3-2-6　女士侧点式坐姿　　图3-2-7　女士交叉式坐姿　　图3-2-8　女士企业式坐姿（叠坐）

企业式坐姿

（6）男士分腿式坐姿（图3-2-9），双腿平行分开，双脚间距不超过一脚长，脚尖方向同膝盖方向一致（男士专用）。

（7）男士分膝式坐姿（图3-2-10），双脚并拢，双膝分开一拳左右（男士专用）。

男士分腿式坐姿

男士分膝式坐姿

图3-2-9　男士分腿式坐姿　　　　　图3-2-10　男士分膝式坐姿

三、入座

从入座开始，就应该展现自己的风度。

（一）注意顺序

入座时，要分清尊次，请长者、尊者、客人等先入座，这是以礼待人的表现。

入座要求

（二）入座合礼

与别人同时就座时，应注意座位的尊卑，主动将上座相让于人。

（三）入座得法

入座时，讲究"左入左出"，即从座位左侧入座从左侧离座。这样既体现"以右为尊"，又表现出就座有序。

（四）落座无声

入座时，动作应轻而缓，要轻松自然，不要坐得座椅乱响，不可随意拖拉椅凳。

（五）向人致意

就座时，若附近坐着熟人，应主动跟对方打招呼；若不认识身边的人，亦应向其点头示意。

四、离座

离座要求

（一）先有表示

离座时，身旁如有人在座，应以语言或动作先向其示意，事先说明，随后方可站起身来。

（二）注意先后

若与别人同时离座，须注意起身的先后次序。地位低于对方时，应稍后离座，地位高于对方时，可首先离座，双方身份相似时，可同时起身离座。

（三）起身缓慢

离座时，动作要轻缓，不拖泥带水，避免弄响座椅或将椅垫、椅罩掉在地上。

（四）左侧离座

要注意从座位的左侧离座，做到离座有序。

【基础技能2——"非"礼勿其行】

一、不得体坐姿——腿部失态、脚位不当

（1）摊靠在椅背上。

（2）松懈、前俯后仰。

（3）双脚抖动。

（4）翘二郎腿，脚底朝向别人。

（5）女士双腿双膝叉开。

二、不得体坐姿——双手放置位置不当

（1）双手抱于脑后、膝盖，夹在大腿间。

（2）用手乱摸、乱敲。

三、入座、离座声响过大

【提升技能——"用"礼展形象】

服务与交往中的常见坐姿如下：

（1）要平稳、端庄、自然，面带微笑。

（2）上体挺直，立腰、收腹，重心垂直向下，双肩平稳放松。

（3）臀部坐于沙发或椅面的 2/3 处，不可靠在椅背和沙发背上。

（4）与客人交谈时，切忌心不在焉。

（5）侧坐时，身体要朝向客人。

【"明"礼入我心】

坐，作为一种仪态举止，有美与丑、优雅与粗俗之分。"坐如钟"，已经成为坐姿礼仪追求的标准，端庄的坐姿给人一种温文尔雅、稳如磐石的稳重、舒服、亲切之感。坐姿可以体现一个人的素质，更是一种礼节。

旅游从业人员坐姿文雅、端庄，不仅给人以沉着、稳重、冷静的感觉，而且是展现自己气质与修养的重要形式。

【"践"礼小故事】

在旅游服务工作中，大多数岗位要求站立服务，也有少数岗位可以坐着。作为一名普通的酒店员工，使用坐姿的频率并不高，但作为一名星级酒店服务人员，不可忽略接待服务中的每个细节，在行动上要做到合乎规范。

因为有了前车之鉴，培训学习坐姿的时候，张莉不再那么盲目自信了。接下来，培训经理让新员工王杰来做示范。王杰的坐姿前俯后仰、身体歪斜。看到他的坐姿，大家都忍不住笑了。

坐姿可以表现出一个人的素质，更是一种礼节。坐姿可以表达出一个人的内心情感。例如：
（1）谈话时，身体靠向椅背，双脚往前伸，说明对目前的话题不感兴趣。
（2）身体坐直，翘起二郎腿的坐姿，是放肆无礼的表现。
（3）身体笔直，双手紧握扶手，说明他正在压抑自己，不让情绪外露。
（4）身体前倾，双腿分开，双手放在膝盖上，说明急切希望结束谈话。
（5）身体后倾，双手握扶手，双脚不断抖动，说明对谈话很不耐烦。
作为旅游从业人员，要善于利用坐姿来表示对他人的敬意。

【"执"礼任务单】

1. 按规范要求，调整练习各种符合礼仪规范的坐姿。
2. 面对镜子审视自我，重点检查入离座的动作。

任务三　走姿——"走"出自信轻盈

任务背景

走姿是展现人的动态美的重要形式。旅游从业人员通过正确的走姿，能走出风度，走出精神面貌，更能显示出一个人的活力与魅力。

任务概述

1. 理解走姿要领。
2. 掌握正确的走姿，养成良好的走姿习惯。

【基础技能1——"是"礼学其规】

"行如风"：即走起路来要像风一样轻盈、从容、稳健、优雅。
走姿基本要领见右侧二维码。

走姿

一、身体姿势

（1）上身正直不动。

（2）两肩相平不摇。

（3）两臂摆动自然。

（4）两腿直而不僵。

二、步位步幅

（1）步位是指两脚下落到地面的位置，男士行走（图 3-3-1），两脚跟交替前进在一线上，两脚尖稍外展。女士行走（图 3-3-2），两脚要踏在一条直线上，称"一字步"，可以显示优美的姿态。

（2）步幅是指跨步时两脚间的距离，标准的步幅是本人的一脚之长。步幅大小跟服饰和鞋也有一定关系，如女士穿裙装（特别是穿旗袍、西装裙）和穿高跟鞋时，步幅宜小一些。

图 3-3-1　男士行走

图 3-3-2　女士行走

【基础技能 2——"非"礼勿其行】

不得体的走姿如下：

（1）过于明显的外八字或内八字。

（2）走路时身体乱晃乱摆。

（3）弯腰驼背，身体松垮，摇头晃脑，无精打采。

（4）步幅过大或步速过快。

（5）行走时，脚掌先于脚跟落地，发出拖地声。

（6）双手插口袋走路，或背手行走。

（7）行走路线不成直线。

（8）与多人一起走路时，或勾肩搭背，或奔跑蹦跳，或大声喊叫等。

【提升技能——"用"礼展形象】

一、服务与交往中走姿的注意事项

（1）步速适中，以1分钟为单位，在工作场合，男性旅游从业人员应走110步左右，女性旅游从业人员应走120步左右。较适宜的步速反映出旅游从业人员积极的工作态度，是客人乐于看到的。

（2）遇急事时加快步伐，不可慌张奔跑。

（3）着裙装时，步幅不宜过大。

（4）在狭窄的通道里行走可使用侧身步，两肩一前一后，面对对方。与客人或领导迎面而过时，不仅要主动问候，还应该侧身避让，但切不可把背对着客人，要将较大的空间留给对方，这也是对别人尊重的一种表现。

（5）遇有急事或手提重物需超越行走在前的客人时，应彬彬有礼地征得客人同意，并表示歉意。

（6）当走在前面引导客人（图3-3-3）时，应尽量走在客人的左前方。髋部朝向前行的方向，上身稍向右转体，左肩稍前，右肩稍后，侧身向着客人，与客人保持两三步的距离。整个行进过程中应让客人或职务高的人走在中间或内侧。当空间较狭窄需与客人前后行时，即前后在一条线上时，一般应让客人走在前面。

（7）上下楼梯（图3-3-4）时，一般应单行左侧行走，姿态要端正，与前后人保持一定距离，以相隔两三级台阶为宜。

（8）在与客人告别时，应先向后退两三步，再转身离去，不能扭头就走。退步时，动作要轻，后退步幅要小，转体时先转身体，头稍后再转。

图3-3-3　引导客人走姿

图3-3-4　上下楼梯走姿

二、体态礼仪训练

通过练习走姿礼仪操，掌握走姿要领，规范走姿动作。

具体动作要领：身体挺拔、双脚一前一后、前后点地、重心平稳、双脚原地踏步、双臂前后摆动。

步态礼仪

【"明"礼入我心】

正确运用仪态礼仪有利于塑造我们的职业形象，进而提升企业形象，也可以使我们在工作、生活中更受尊重与关注。内外兼修已经成为每个人对自己仪容仪态的要求，优雅得体的仪态已经得到更多人的重视。

走姿是人体所呈现出的一种动态，是站姿的延续。旅游从业人员的走姿要体现自信、阳光、大方、稳健的精神面貌，处处给客人留下"美"的感官享受。

【"践"礼小故事】

酒店员工张建，喜欢边走路边踢小石子。一天，作为新员工的他培训结束后走出酒店时，看见一辆凯迪拉克轿车停在门前，无意识地走过去踢了一脚。酒店总经理刚好看见这一幕，当即就把他解雇了。

在酒店的管理者看来，踢客人的车是对客人表示："我不尊重你！"

很多旅游从业人员都知道体态语言的重要性，但他们对错误的体态习惯没有充分的认识，也不能觉察到自己的不良行为习惯。

你有这些走路习惯动作吗？双手插口袋走路、背手垂头行走、身体乱晃、行走时发出拖地声。如果回答是肯定的，那么就赶快改正吧。

如果你认为那是由来已久的习惯，很难改正，就请记住这句话："人不应该被习惯所控制，而应该控制习惯。"

【"执"礼任务单】

1. 将书本顶在头顶中心进行行走训练，行走时保持头正、颈直。
2. 在地上画一条直线，检查自己的步位和步幅是否正确，纠正"外八字""内八字"及步幅过大或过小的问题。

知识链接

2010年颁布的《中国人民解放军队列条令》对标准"中式正步"的描述

左脚向正前方踢出约75厘米（腿要绷直，脚尖下压，脚掌与地面平行，离地面约25厘米），适当用力使全脚掌着地，同时身体重心前移，右脚照此法动作；上体正直，微向前倾；手指轻轻握拢，拇指伸直贴于食指第二节；向前摆臂时，肘部弯曲，小臂略呈水平，手心向内稍向下，手腕下沿摆到高于春秋服最下方衣扣约15厘米处，手腕前侧距裤缝线约30厘米。行进速度为每分钟110~116步。

任务四　蹲姿——"蹲"出优雅得体

任务背景

蹲姿是旅游从业人员在工作中常用的基本动作之一。当给坐着的客人服务或取低处物品或捡起落在地上的物品时，规范的蹲姿能给客人文明有礼和备受尊重的印象。

任务概述

1. 理解蹲姿要领。
2. 掌握正确的蹲姿，养成良好的蹲姿习惯。

【基础技能1——"是"礼学其规】

在蹲下的时候，应保持上身的挺拔，抬头挺胸，神情自然。

一、高低式蹲姿基本要领

高低式蹲姿分为女士（图3-4-1）和男士（图3-4-2）两种，两腿紧靠向下蹲，一般左脚在前，右脚稍后，左脚掌几乎完全着地，小腿基本垂直于地面，另一脚跟提起，脚掌着地，一般是右膝低于左膝。女士右膝内侧贴靠于左小腿的内侧。反之亦可。

图3-4-1　女士高低式蹲姿　　　　　　　图3-4-2　男士高低式蹲姿

二、交叉式蹲姿基本要领

交叉式蹲姿（图3-4-3）适合于女士着裙装时使用。其基本要领是：

（1）下蹲时，右脚在前，左脚在后，右脚全脚着地。右脚在上，左脚在下，两腿交叉重叠。左膝由后下方伸向右侧，左脚脚跟抬起，右脚脚掌着地。反之亦可。

（2）使用交叉式蹲姿时，臀部向下，上身稍前倾，双腿前后靠紧，合力支撑身体。

（3）在客人身边蹲下时，要侧身对着客人，两脚合力支撑身体，掌握好身体的重心。

（4）蹲下时，应用手向前收拢裙摆并及时用一只手轻按住领口部位。

图3-4-3　交叉式蹲姿

【基础技能2——"非"礼勿其行】

不得体的蹲姿如下：

（1）弯腰曲背、低头翘臀。

（2）在下蹲时，背对客人或离人过近。

（3）女士绝对不可以双腿敞开而蹲，这种蹲姿非常不雅。

（4）下蹲时过快、过猛。

（5）穿裙装下蹲时毫无掩饰，曝光。

【提升技能——"用"礼展形象】

一、服务与交往中的蹲姿

（1）在客人身边下蹲时，要侧身对着客人，避免撞挤或妨碍客人。

（2）女士着裙装下蹲时，应收拢裙摆，并按住领口部位。

任务四 蹲姿——"蹲"出优雅得体

二、体态礼仪训练

蹲姿礼仪

通过练习蹲姿礼仪操,掌握蹲姿要领,规范蹲姿动作。

具体动作要领:女士交叉式蹲姿,男士高低式蹲姿,动作优雅从容,眼随手动,平稳起身。

【"明"礼入我心】

尊重他人要体现在每个细节当中。作为一名旅游从业人员,蹲姿是生活工作中必不可少的仪态动作,如捡拾物品、低位取物时都需要做下蹲动作。同时,蹲姿更是尊重客人的一个重要表现。蹲下来与年幼客人讲话,与年幼客人眼睛保持平视,可消除距离感,创造心理平等的交流环境。掌握优雅得体的蹲姿有利于更好地为每一位客人服务。

【"践"礼小故事】

导游小王看到游客的手机掉在地上,大大咧咧地弯腰去捡,结果衣服太短,后背露了出来。小王满脸尴尬地看着客人,感到非常不好意思……

蹲姿注重"稳"和"雅",因此一定要注意以下几点:

(1)无论是采用哪种蹲姿,都要切记将双腿靠紧,臀部向下,上身挺直,使重心下移。

(2)要注意直起直蹲,动作不宜过快。

(3)在身边有人的情况下,下蹲后务必侧向对方,避免正对,尤其是当与对方距离较近时。

(4)女士下蹲时,注意要拢裙,若是夏天穿领口低的衣服,另一手要护胸口。

【"执"礼任务单】

1.按规范要求练习高低式蹲姿。

2.按规范要求练习交叉式蹲姿。

3.按规范要求练习下蹲,捡拾掉在地上的纸张、笔等物品并起身拿给客人的连贯动作。

任务五 手势——"做"出得体指示

任务背景

法国著名画家德拉克洛瓦指出:"手应该像脸一样富有表情。"手势是人们交往时不可缺少的动作,是富有表现力的一种"体态语言"。手势美是一种动态美。在旅游服务工作中,旅游从业人员优雅得体的手势可增强感情的表达,规范适度的手势能给客人彬彬有礼、含蓄真诚的感受,能在交际和旅游服务中起到锦上添花的作用。

任务概述

1. 理解手势动作的要领。
2. 学会在不同场合,使用得体规范的手势动作。

【基础技能1——"是"礼学其规】

手势的基本要求是自然、优雅、规范、适度、大方。

一、介绍手势

介绍手势如图3-5-1所示,介绍某人时,掌心向上,四指并拢,大拇指自然张开,以肘关节为轴,前臂自然上抬伸直。

介绍、引导手势

图3-5-1 介绍手势

二、指引手势

（一）引导手势

为客人引路指示方向时，上体稍有前倾，面带微笑，自己的眼睛看着目标方向，同时兼顾客人是否意会到目标。引导手势（图 3-5-2）有诚恳、恭敬之意。

引导手势

图 3-5-2　引导手势

（二）请进手势

表示请进时，右手掌心斜向上，手臂与地面成 45 度角，肘关节稍微弯曲，腕关节低于肘关节，手从腹部抬起至横膈膜处，以肘关节为轴向右摆动，到身体右侧稍前处的地方停住，如图 3-5-3 所示。

（三）请坐手势

请客人入座时，应以肘关节为轴自上向下摆动，指向椅子所在处的斜下方，前臂不要下摆至紧贴身体，如图 3-5-4 所示。

图 3-5-3　请进手势　　　　　图 3-5-4　请坐手势

三、问候手势

问候手势（图 3-5-5）是指双手五指并拢，水平打开，身体略前倾，向大家问好的手势。

四、告别手势

掌心向前，指尖朝上，左右轻轻挥动。近距离不超过头部（图 3-5-6），远距离超过头部（图 3-5-7）。

五、递接手势

递接物品的原则是安全、便利和尊重。递接手势（图 3-5-8）的基本要求为主动上前、身体前倾、双手递接、正面朝上、尖刃对己。

图 3-5-5 问候手势　　图 3-5-6 告别手势（近距离）　　图 3-5-7 告别手势（远距离）　　图 3-5-8 递接手势

【基础技能 2——"非"礼勿其行】

不得体手势如下：

（1）与客人沟通时，习惯性地揉鼻子、挖耳朵、撩头发，会令客人反感。

（2）用一个手指来指人或指点方向。

（3）用单手向客人递送物品。

（4）与别人交谈时，手势动作过多，幅度过大，手舞足蹈。

任务五　手势——"做"出得体指示

【提升技能——"用"礼展形象】

一、服务与交往中使用手势应注意的问题

1. 注意区域性差异

由于文化习俗的不同，不同国家、不同地区、不同民族手势的含义也有很大差别，甚至同一手势表达的含义也不相同。只有了解手势表达的含义，才不至于让人误会。

2. 手势不宜过多，动作幅度不宜过大

在运用手势时，切忌"指手画脚"和"手舞足蹈"，这样会给人烦躁不安、心神不宁的感觉，甚至让人产生轻佻的感觉。在与人交谈时，如果反复摆弄自己的手指，比如活动关节，甚至发出"嘎、嘎"的声响，或者手指动来动去，会给人以不舒服的感觉。

3. 注意手势速度和高度

若手势过快，会给人带来紧张感；若手势过高，超过了头顶，仪态有失端庄大方，手势最高不能超过耳朵。

4. 手势一定要自然、协调

若手势使用不当，会给人僵硬、做作的感觉，一定要自然、协调、美观。在工作中，若是将一只手或双手插放在自己的口袋之中，不论其姿势是否优雅，通常都是不被允许的。

5. 用手示意，禁用食指

在工作中，不能直接伸出食指、用一个指头进行指示，尤其是在相互介绍的场合，最忌讳用一个指头指着人向第三方介绍。假如用手指直接指向对方就更加不礼貌了，甚至会引起对方的反感。此外，一些人习惯性地用手中正在使用的笔指点对方或做示意，也不符合礼仪规范。

6. 指示别人时不要掌心向下

指示别人，应该掌心水平向上，五指并拢、伸直。要记住，掌心向下指示的只能是小动物。

二、体态礼仪训练

通过练习手势礼仪操，掌握手势动作的要领，规范手势动作。

1. 指示礼仪

具体动作要领：后交叉步，双手平举，五指张开，掌心向前，鞠躬行礼后，先右后左指

示动作。相反动作重复一遍。

2. 引领礼仪

具体动作要领：后交叉步，一手背后，一手在前，鞠躬行礼后，欠身引领，先右手再左手。相反动作重复一遍。

3. 课堂礼仪

具体动作要领：左右并步各一次，连续并步两次，双手握拳，拳心向下，双臂体前平放。相反动作重复一遍。

4. 递接礼仪

具体动作要领：上步并脚，双手平托，掌心向上，身体前倾，目视前方。相反动作重复一遍。

5. 请坐礼仪

具体动作要领：左右并步，双手分别抚肩，右脚斜前方上步，左脚并脚，身体前倾，请坐手势。相反动作重复一遍。

6. 握手礼仪

具体动作要领：四指并拢，拇指张开，身体前倾，礼貌握手。相反动作重复一遍。

【"明"礼入我心】

标准的手势语可以传达对对方的尊重。递送物品时单手递出与双手递出所表达的情感是不同的。在向客人、领导、同事、朋友递送物品时，由于正式度不同、情感不同，递送物品时使用单手还是双手也有不同的要求。旅游从业人员运用标准的递送手势，送出去的不仅是物品，还有真诚。标准的递接，可以很好地展示旅游从业人员的人格魅力。

【"践"礼小故事】

在日内瓦会议期间，一个美国记者主动和周恩来总理握手，出于礼貌礼节，周总理没有拒绝，可这个记者刚握完手，忽然大声说："我怎么跟中国的好战者握手呢？真不该！真不该！"说着掏出手帕不停地擦自己的手，然后把手帕塞进裤兜。周总理对普通美国民众一直是友好的，包括新闻记者。所以，在那个美国记者主动要和周总理握手时，周总理并没有拒绝。可这个记者，假意主动握手，实则要使周总理难堪。当时大堂里很多人都在围观，就想看周总理的笑话。这时，只见周总理略略皱了一下眉头，从自己的口袋里也掏出手帕，随意地在手上扫了几下，走到拐角处，扔进了垃圾桶，他说："这个手帕太脏了。"

手势语言不是"世界语"

由于文化差异,不同国度或地域的人使用的手势含义不同。在英国、澳大利亚和新西兰等国,路边的旅游者竖起大拇指表示想搭便车。在中国,竖起大拇指通常是高度称赞、夸奖、了不起的意思。日本人鼓掌用手指击拍,表示欢迎。在英国,人们看戏、听音乐会时这样鼓掌,则意味着演出不受欢迎。手势"OK",即伸出一只手,将食指和大拇指搭成圆圈。美国人用这个手势表示"OK",是"赞扬"的意思;在印度,表示"正确";在泰国,表示"没问题";在日本、缅甸、韩国,表示"金钱";在法国,表示"微不足道"或"一钱不值";在巴西、希腊和意大利的撒丁岛,表示厌恶;在马耳他,这代表着一句恶毒的骂人话。

作为旅游从业人员,应多学习,懂得各种手势语言,而且在接待外国客人的时候,最好事先了解对方的民族风俗与忌讳,不可乱用手势,以免造成误解。

【"执"礼任务单】

1.进行指示方向、引领客人、介绍自己等不同手势的动作练习,体会手势的要求,感受通过自己的动作向对方传达出尊敬之意,发现问题及时纠正。

2.两人一组,立正站好,面带微笑,手臂的动作、体态的变化、礼仪用语、目光和眼神,逐一进行分解练习,然后进行连贯练习,尽量做到动作连贯、自然、优雅、规范、适度、大方且整体协调。

任务六 表情——"露"出亲切容貌

任务背景

在广州举办的第十六届亚运会开幕式上,一位端庄大方的礼仪小姐站立在致开幕词的中外官员身后,因为她恰好站在演讲台的旁边,所以出镜率颇高。当几位领导致词时,这位礼仪小姐一直保持着非常职业的微笑,这温柔的笑容让众多网友动容,并给她取了一个"微笑姐"的名字。

表情是一个人内心情感、情绪最真实、最直接的反映。对客人而言,旅游从业人员是否发自内心地尊重与欢迎他们,从其表情就能得到直观的感受。俗话说:"出门看天色,进门看脸色。"表情的重要性,由此可见。作为一名旅游从业人员,应该保持微笑,让客人感觉舒服、亲切,从而赢得客人的认可,表情达意,尽展职场魅力。

学习情景三　职业仪态塑造篇——恭而有礼

任务概述

1. 理解微笑服务的意义和目光的作用。
2. 掌握微笑服务的方法和目光的基本要求。

【基础技能1——"是"礼学其规】

表情主要是指人的面部情态，是一个人最生动的语言。它可以反映一个人内心的思想情感，也可以交流情感。旅游从业人员在工作中的表情往往会影响客人的旅游情绪。因此，旅游从业人员应当以自己积极的表情来感染客人。

构成表情的主要因素，一是笑容，二是目光。

一、微笑服务

微笑服务（图3-6-1）是旅游从业人员最基本的礼仪要求。主动微笑，就是主动营造友好热情、和谐温暖的气氛与环境。

微笑服务的要领有自然、真诚，不做作、不虚伪，发自内心。

图 3-6-1　微笑服务

（一）微笑服务的意义

1. 微笑是旅游从业人员的需要

旅游从业人员的微笑是对客人热情友好的表示、真诚欢迎的象征、乐于服务的象征，它是一种健康有益的表情。

微笑迎客，是旅游从业人员尽职尽责的表现，表达了旅游从业人员对客人尊重的责任感与主动性，也是旅游从业人员实现本企业"客人至上，优质服务"宗旨的具体表现，是做好接待服务的重要手段。同时，在礼尚往来、主客交融、相互感染的过程中，既能创造出融洽、和谐、互尊、互爱的气氛，又能大大地减轻旅游从业人员本身体力上的压力与心理上的波动，激励旅游从业人员信心百倍地投入工作，达到"乐在其中"的更高境界。

2. 微笑是客人感情的需要

旅游从业人员的微笑对客人起着积极情绪的诱导作用。旅游从业人员的真诚微笑，可使客人感觉到旅途中处处有"亲人"，那种初到异地的陌生感、疲劳感、紧张感顿时消失，进而产生心理上的安全感、亲近感和愉悦感。可见，微笑是无声的语言，是无声胜有声。

3. 微笑是旅游企业效益的需要

旅游从业人员的微笑是旅游服务质量的重要标志，对提高企业的声誉及获得最佳的经济效益和社会效益起着十分重要的作用。

二、微笑服务的方法

唯有发自内心的微笑，才能感染对方，使客人产生良好的心境并消除陌生感，使之感到处处有亲人，心平气顺，食则有味，宿则安宁。

（一）口眼结合

在微笑的艺术修养中，眼睛的表情是关键一环。眼睛具有传神送情的特殊功能，眼睛又是心灵的窗户。因此，口到、眼到、神色到，笑眼传神，微笑才能扣人心弦。

（二）微笑与神、情、气质相结合

这里讲的"神"就是笑得有情，笑出自己的神情、神色、神态，做到情绪饱满，神采奕奕；"情"就是要笑出感情，笑得亲切甜美，反映美好的心灵；"气质"就是要笑出谦恭、稳重、大方、得体的良好氛围，如图3-6-2所示。

图 3-6-2 笑

（三）微笑与语言相结合

语言和微笑都是传播信息的重要符号，只有注意微笑与美好语言的有机结合，声情并茂、相得益彰，微笑服务方能发挥它应有的特殊功能。

（四）微笑与仪表和举止相结合

端庄的仪表、得体适度的举止是旅游从业人员不可缺少的气度。以姿助笑、以笑促姿就能形成一种完整的、统一的、和谐的美。中国人的气质素养较为内向，因此旅游从业人员在接待服务工作中应对客人更热情一些。总体上应该做到直率而不鲁莽，活泼而不轻佻，持重而不呆板，热情而不过分，轻松而不懒散，紧张而不失措。

二、目光

（一）作用

眼神是人们在心灵沟通中，最清楚、正确也最能传神的信号。眼睛最富有表情，因而有"眼睛是心灵的窗户"的美称。在传情达意中，一个人的眼神往往能反映出其整个内心世界，以及深刻的内涵和多彩的感情世界。旅游从业人员在与客人交流时，应恰到好处地运用眼神，用目光语言为客人提供更好的服务。

（二）基本要求

一位训练有素的旅游从业人员必须明确，当面对客人时，只有双目正视对方，信息的传递与感情的沟通和交流才能建立，微笑服务才会更传神、更亲切。运用目光的基本要求是真诚专注、亲切自然、明亮有神。

1. 真诚专注

在旅游服务中，要做到注视行为真诚专注，主要表现在注视方式、注视部位、注视时间三个方面。

（1）注视方式（或称视线）。

① "正视"：当客人来到你面前时，应采用"正视"目光，即两眼平视向前，注视对方两眼和嘴鼻的"倒三角区"，以示尊重，并用礼貌用语表示欢迎。

② "平视"：当客人从较远处向你走来时，应采用"平视"目光，并做好热情迎客的准备。

③ "环视"：当几位客人从不同方向同时走来，并出现在你的面前时，应采用"环视"的目光，即眼观"六路"（左右、前后、里外），注意迎接多方客人的到来。同时，用"环视"的方式，有意识地顾及在场的每一位客人，让他们感觉到你没有忽视其中任何一位；还可通过多角度目光的接触，较全面地了解每一位客人的心理反应与需求，以灵活应变，调整自己的对客服务与接待方式。

④ "仰视"：当你参加会议坐着倾听站立的上级主管的讲话，或在商务中心、餐厅收银处，坐着聆听站立的客人的需求时，应采用"仰视"的目光，即稍稍向上看着对方的脸部，以示正在谦恭和全神贯注地听讲，并对讲话深感兴趣。

（2）注视部位。

在旅游服务的岗位上，旅游从业人员的目光，应投放在客人两眼和嘴部的"倒三角区"，并以散点柔视为宜。旅游从业人员注视这个部位，以示"目中有人"，真正地做到对客人的重视与尊重。同时以明亮的双目，辅以真诚的微笑，与客人进行无声而亲切的感情交流；旅游从业人员注视这个部位，还可以随时发现客人的眼神与面部表情的变化，灵活应变，及时展开更主动、周到的个性服务，为其提供文明礼貌的优质服务。

在公务场合，对某一棘手问题进行业务谈判和工作磋商，或者上级对下属做公务处理与下达重要指示时的讲话，此时的目光应投放在对方以两眼为底线、以额头上部为顶点所连成的"正三角区域"。由于注视这一部位能形成视线向上、居高临下的态势和制造出严肃、认真的气氛，所以常为企图处于优势的一方所采用，以帮助其掌握谈话的主动权和控制权。

（3）注视时间。

在旅游服务中，若要得到客人的信赖和喜欢，在整个沟通过程中，旅游从业人员与客人的目光相接时间，累计应达整个谈话过程的50%~70%，其余30%~50%的时间可注视客人脸部以外5~10厘米处，这样显得比较自然、有礼貌。总之，要区别场合、对象，把握好注视的时间。

2. 亲切自然

在旅游服务中，要做到亲切，首先旅游从业人员对旅游业要有深厚感情，怀有对客人热爱、关心的感情，并从自己的目光中流露出来，嘴角微翘、面带微笑、表情自然。这就要求旅游从业人员眼球放松，注视时不集中于一点，以散点柔视为好，视线移动应缓慢，不突然。

3. 明亮有神

在旅游服务中，要做到双目明亮有神，就要求旅游从业人员对自己的岗位工作充满自信，对客人充满激情，并自然流露在眼神中。这样，才能做到双目炯炯有神，给客人眼前一亮、充满亲切信任的好感。同时应注意避免双目疲倦无神、呆滞冷漠。

【基础技能2——"非"礼勿其行】

不得体表情如下：

（1）笑容与场合、气氛不吻合。
（2）微笑的程度不合适，太矜持或太放肆，没有分寸。
（3）眼神上下打量。
（4）目光斜视对方。
（5）左顾右盼、东张西望。
（6）眼睛不看对方，而是看着其他物品。
（7）目光紧盯对方双眼。

【提升技能——"用"礼展形象】

一、微笑的训练

1. 放松肌肉

放松嘴唇周围的肌肉，是练习微笑的第一步，最简单的方法是说"嘿""Cheers"或"茄子"等。

2. 训练自然微笑

保持好的心态，想想令人愉快的事，然后拿一根筷子横着放在嘴里，上下牙齿轻咬住筷子的中部，嘴角微微向两边牵动，练习微笑，牙齿以咬住筷子不动为准，力度尽量合适，力求找到自己最得体、最亲切、最自然的笑容和面部表情。

3. 保持微笑

一旦寻找到满意的微笑，就要维持这个表情。反复练习令自己满意的微笑，你就会发觉自己拥有了富有魅力的微笑，然后挺直背部和胸部，用正确的姿势对着镜子一边微笑，一边调整。

4. 当众练习微笑

经过一个阶段的自我训练后，尝试当众练习微笑，使表情更加大方、自然，并请同伴给予建议，帮助矫正。

5. 练习微笑操

伴随优美的音乐练习微笑操，使表情产生记忆，提高微笑质量，领悟微笑服务的真谛。

微笑操

二、目光沟通的态度

1. 目中有人

目中有人是指对人要有尊重的态度，只有内心尊重对方，目光才可能亲切友好，生硬的目光交流对沟通效果来说反而是一种阻碍。

2. 稳住目光

稳住目光是指目光不宜漂移不定，这样会失去庄重的气质；不宜扫视，否则意味着挑剔和审视，没有人希望自己被别人这样看。

3. 目光和语言统一

向对方问候、致意、道别时都应面带微笑，用柔和的目光去注视对方，以示尊敬和礼貌。

【"明"礼入我心】

微笑虽然很重要，但并不是任何场合都可以微笑的。在下述情况下，如果面带微笑，往往会使自己陷于十分不利、十分被动的处境：

（1）对方满面哀愁时。

（2）对方有某些先天的生理缺陷时。

（3）对方出了差错而感到极其尴尬时。

眼神也是一种非常好的语言，其不仅可以配合语言、举止共同使用，在某些不适合说话但又必须传递信息的场合最能发挥作用，更显其重要性。例如，在会议服务中，某位客人看看服务员，再看看茶杯，这时服务员就应该知道，客人是在示意其添加茶水。当然，眼神表达出的信息极其丰富，有时只可意会，难以言传，我们只能在实践中用心体察、积累经验，这样才能在服务工作中灵活运用。

除了"微笑"和"眼神"外，面部表情还有很多种。在工作或者一些比较正式的社交场合中，我们要尽可能保持正面的、积极的表情，对于一些消极的表情，非特殊场合不要随意使用。试想，哪个客人希望遇到的旅游从业人员成天愁眉苦脸、无精打采呢？

【"践"礼小故事】

张之洞曾有一个同乡给他推荐了一个幕僚，张之洞和这个人见面聊了一会儿，给了他一些盘缠，就把他打发走了。张之洞的同乡过了几天问及这个人，张之洞说："此人的面相不好，俗语说相由心生，您介绍的这个人面相尖酸刻薄，不大气，不适合做我的幕僚。"

张之洞的话说明了一个道理，人的面部表情同其他体态语言一样，是可以熏陶和改变的，不同的文化修养、气质特征，可以一定程度上改变他的相貌。

希望大家能通过日常训练和积累，善加运用自己的面部表情。

【"执"礼任务单】

1. 每天对镜练习《微笑操——你笑起来真好看》，找到自己最甜美的笑容。
2. 两人一组进行"平视""环视""仰视"等目光练习。

知识链接

同学们，我们已经分别学习了仪态礼仪的各个动作，并进行了礼仪操分解动作的练习，下面我们将把仪态动作进行串联组合，编排成仪态礼仪操供大家学习。

本套仪态礼仪操把礼仪动作和健美操动作相结合，配上动感十足的音乐《快乐向前冲》完成仪态礼仪训练。既规范了仪态礼仪动作又锻炼了身体。同学们可以通过练习仪态礼仪操来强化仪态礼仪，养成礼仪习惯，提升个人素质和气质，时刻以礼待人，塑造良好的职业形象。

礼仪操《快乐向前冲》完整动作展示和分解动作讲解请扫描右侧二维码。

礼仪操

学习情景三　职业仪态塑造篇——恭而有礼

融入个人魅力　展现礼仪风采

优雅的仪态礼仪是我们给人们留下美好的第一印象的关键因素。如果说，谦逊优雅、知书达理是中职生的"内修"，那么，养成良好的体姿仪态，则是中职生不能忽视的"外炼"。

职业仪态的美化有四个标准：一是仪态文明，是要求仪态显得有修养，讲礼貌，不应在客人面前有粗野动作和不雅不礼貌行为；二是仪态自然，是要求仪态既要规矩庄重，又要表现得大方真实。不要虚张声势，装腔作势；三是仪态美观，这是高层次的要求。它要求仪态优雅大方，悦目悦心，给客人留下美好的印象；四是仪态敬人，是要求力禁失敬于人的仪态，要通过良好的仪态体现敬人之意。

中职生职业仪态训练的内容：

1. 站立姿势：手位练习、脚位练习、女士站姿、男士站姿
2. 坐姿练习：入座姿势、女士坐姿、男士坐姿、离座姿势
3. 行走姿势：步位练习、脚位练习
4. 蹲姿练习：女士高低式蹲姿、女士交叉式蹲姿、男士蹲姿
5. 手势练习：介绍手势、指引手势、问候手势、告别手势、递接手势
6. 表情练习：微笑练习、眼神练习

中职生职业仪态训练的要求：

1. 训练前的准备工作。例如：心理上，调整好心态，注重微笑服务的真诚原则，由心而发的笑容能让训练效果更佳；生理上包括了饮食注意卫生，避免产生异味的食物，提前喝水或入厕等。
2. 训练时要穿职业装，女生学会穿高跟鞋，男女生发型及面部妆容符合行业要求。
3. 保持训练环境的干净整洁、明亮通风。
4. 保证出勤率，课前先检查仪容仪表是否符合规范，坚持练习，系统地掌握仪态训练知识和方法。
5. 爱护公物。室内练习器械按课程需要进行有序摆放。
6. 做器械辅助的练习时，在老师的指导下进行。

学习情景四

礼貌服务语言篇——言之有礼

任务一 礼貌用语要求——赠人益言赛黄金

任务背景

一对英国夫妇到中国游览观光,对接待他们的当地导游小姐评价颇高,认为她服务态度好,英语水平也很高,便夸奖导游小姐说:"你的英语讲得好极了!"导游小姐谦虚地回答说:"我的英语讲得不好。"客人一听就生气了,说:"英语是我的母语,难道我分不清英语讲得好与不好?"客人生气无疑是导游小姐对东西方礼仪的差异了解不清所致。西方人讲究一是一,二是二,东方人则讲究谦虚,凡事不张扬。使用规范的敬语服务就是尽量减少这种误会的有效途径。

语言,是人类特有的表达思想、交流感情的工具。言为心声,语为人镜,语言是人心理活动最直接的表现。旅游从业人员接待服务的过程,就是从问候客人开始,到告别客人结束。语言是完成各项接待工作的重要手段,在工作中讲究语言艺术、使用礼貌用语非常重要。

任务概述

1. 理解敬语服务的意义和旅游从业人员敬语服务要求。
2. 掌握敬语服务的基本要求,并能够在工作过程中灵活运用。

学习情景四 礼貌服务语言篇——言之有礼

【基础技能1——"是"礼学其规】

一、敬语服务的意义

（一）规范使用敬语，维护祖国声誉

我国素以礼仪之邦著称。服务行业是窗口行业，每一个旅游从业人员都代表着行业的形象，而语言是人与人之间最便捷的交流途径，敬语的使用直接关系到祖国的声誉。

（二）规范使用敬语，提高旅游企业的服务质量和管理水平

不同国家的客人表情达意的方式也会有所不同。规范的敬语服务能够尽量避免由于风俗习惯不同引起的误会和不必要的麻烦，提高旅游企业整体的服务质量和管理水平。

（三）规范使用敬语，提高员工个人修养

同样的意思，不同的表达方式带给人的感觉是截然不同的。准确、亲切的语言反映了旅游从业人员的文化修养和个人素质，会在很大程度上影响客人对服务的评价。

二、敬语服务的要求

（一）声音优美

讲普通话，尽量做到语音标准、声音柔和、音量适中、语速适当，语气诚恳。

（二）表达恰当

把自己的思想、情感、想法和意图等，用语言、表情和动作等清晰明确地表达出来，并善于让他人理解、体会和掌握是敬语服务的基础。

（三）言简意赅

语言简短明确，意思完备，切忌喋喋不休。要根据客人的需求选择服务的方式：有时客人之间谈兴正浓，不喜人打扰，旅游从业人员过分的殷勤也会引起客人的不满。

（四）表情自然

与客人交流时应面带微笑，表情自然，目视客人眼鼻三角区，以示尊重。

（五）举止文雅

在服务过程中尽量和客人保持1米以上的距离，能用语言讲清楚的，尽量不用手势，避

免指手画脚。

（六）注意口腔卫生

注意口腔卫生，工作期间不吃有刺激性气味的食物，以免口腔异味引起客人的不快。

【基础技能2——"非"礼勿其行】

不规范的礼貌用语如下：

1. 语速过快或过慢

语速过快给人急躁的感觉，且容易影响客人对内容的理解；而语速过慢则使人感觉语言不精练、思维不连贯。

2. 音量过大或过小

音量的大小应视谈话的场合而定。在封闭的空间里音量过大容易给人留下粗鲁、不稳重的印象，但过小的音量则会阻碍信息的接收。

3. 手势过多

恰当的手势运用有助于客人对内容的理解，但手势过多则给人指手画脚、颐指气使的感觉。所以能用语言表达清楚的内容尽量少用手势。

【提升技能——"用"礼展形象】

旅游从业人员敬语服务要求：

实行敬语服务，可以表现出对客人的尊重，赢得客人的好感，建立起良好的关系。诚挚尊敬、适时适地、言简意赅是旅游从业人员敬语服务的基本要求。

1. 诚挚尊重

旅游从业人员通过敬语表现出对客人的真诚，以礼敬人。真诚的语言是从心底里发出来的，可以得到客人的信任，可以使一些本来无法消除的矛盾得到缓解。

2. 适时适地

语言要适应不同客人的特定语境，要适应不同的客人。旅游从业人员要注意观察客人的语言习惯，从而推断客人的职业、身份、喜好，掌握不同语境中的个性语言，适应特定的环境。

3. 言简意赅

旅游从业人员应头脑清醒、思维敏捷、善于表达。语言要质朴平易，不可单调粗俗，应做到平中见巧，淡中有味，语言明快不呆板，简约不多余。

【"明"礼入我心】

旅游从业人员只有具备健康的心态，保持内心的快乐，才能在工作中自觉做到尊重客人，乐于为客人服务。从"神奇教练"米卢来到中国后，"态度决定一切"这句话就常常出现在人们的耳边。态度是一个人对待事物的一种驱动力，不同的态度将产生不同的驱动作用，从而得到不同的结果。对待任何事物不能采用同一种态度，而应综合采用各种态度。在日常生活中，任何事情都有可能影响旅游从业人员在工作中的心态，从而对工作的整体质量产生影响。因此，旅游从业人员要学会调整自己的心态，以饱满和热情的精神状态投入工作。

【"践"礼小故事】

四两拨千斤，用幽默化解危机

周恩来总理是我国杰出的外交家，他的智慧和独特的人格魅力至今仍被全世界人民传为美谈。在他的外交生涯中，用四两拨千斤的幽默避免一次又一次针锋相对的争执，可谓是周总理独特的外交手段。

一次，美国记者询问周总理"为什么中国人走的路叫马路呢？"

这可能让很多人不解，为什么要问这么一个普通而又常识的问题呢？在普通人眼中可能是显而易见的问题，但外交无小事，稍一回答不慎就会被人拿来大做文章。

回到问题本身来看，这个问题虽然普通，但并不好回答。让普通人来回答一定会语塞，甚至半天回答不出来，这难免让人看了笑话。

而周总理听到后，没有一丝犹豫地回答到"我们走的是马克思主义道路，简称马路"，让人不禁啧啧称赞。这个回答一方面摆明了我国的立场，一方面巧妙地化解危机，无不让在场的人敬佩。

记者接着问道"总理阁下，在美国人们都是抬头走路，而你们中国人为什么都低着头走路呢？"

总理反击道"这个问题很简单嘛，你们美国人走的是下坡路，当然要仰着头走路的，而我们中国人走的是上坡路，当然要低着头走路了。"

一句话让美国记者哑口无言。

【"执"礼任务单】

1. 使用敬语服务有什么意义？
2. 敬语服务的要求有哪些？
3. 使用敬语服务需要注意避免哪些问题？

任务二　礼貌用语运用——良言一句三冬暖

任务背景

小王刚到某公寓做保洁员,因为为人热情,乐于助人,又踏实肯干,她的工作得到了客人和领导的一致好评。一天,小王上班遇到11楼的客人出门,小王很礼貌地问候了客人,出于主动热情的需要,她又问了一句:"您出去呀,要去哪里呀?"客人疑惑地看了看她,没有回答就走了,小王感觉很奇怪。下班前,主管找到小王,说她被客人投诉了,原因是窥探客人隐私。

小王被投诉的原因是她没有分清楚中西方问候语的使用习惯。我国有很多客套用语,比如"吃饭了吗""您出去呀""您去哪呀"等,但西方人不这样认为,他们认为你问他吃饭了没有就是要请他吃饭,问他去哪则是在窥探他的个人隐私,所以在使用礼貌用语时要明白客人的习惯,并规范使用。

任务概述

掌握常用礼貌用语,并能够在工作生活中灵活运用。

【基础技能1——"是"礼学其规】

一、五声十一字

五声十一字是敬语服务的基本要求。五声是指客人进店有"迎声"、客人询问有"答声"、客人帮忙有"谢声"、照顾不周有"歉声"、客人离去有"送声"。十一字包括:您、您好、请、谢谢、对不起、再见。

二、问候语

问候语是指接待客人或在某一场合初次见面时,根据时间、场合、对象的不同,所使用的规范的招呼用语。

（1）初次见面的问候语："您好，欢迎光临""您好，认识您很高兴"。

（2）根据时间不同，使用相应的问候语："您早""早上好""下午好""晚上好"。

（3）根据工作场合不同使用不同的问候语："您好，欢迎光临""您好，请问需要帮忙吗？""您好，请问您几位？"。

三、告别语

告别语是指离开时所使用的规范用语。

（1）主客之间告别：客人通常说"请回""请留步"等，主人则以"慢走""恕不远送"等回应，如果客人远行，可以说"一路平安""一路顺风"等。

（2）熟人之间告别：可以说"有空再来""有时间来喝茶""代问家人好"等。

（3）旅游从业人员和客人告别：可以说"再见""祝您一路平安""期待您下次光临"等。

四、祝贺语

祝贺语也称祝福语，是指能给人带来美好祝愿的词句。在社会发展中已不仅限于在节日和宴会上出现，常见的有天气冷暖变化问候、朋友间的日常鼓励等。可以反映出人与人之间的感情增进和友善的交流。

五、慰问语

慰问是一个汉语词语，是安慰问候的意思，如"谢谢您对我们工作的肯定，祝您全家欢乐，心想事成！"

六、应答语

应答语是指在服务接待过程中，旅游服务从业人员回答客人问话时的礼貌用语。

（1）当客人表示感谢时，可以说："不客气，这是我应该做的，很乐于为您服务"等。

（2）当客人误解致歉时，可以说："没关系，这算不了什么"等。

（3）当客人赞扬时，可以说："谢谢您的夸奖，我会继续努力的"等。

（4）当客人提出过分或无理的要求时，可以说："很抱歉，我恐怕无法满足您的要求"等。

七、征询语

在为客人提供服务前，应先征得客人的同意，如"您好，请问需要帮您拿行李吗？"

"您好，请问我坐这个座位可以吗？"等。

八、感谢语

接受别人帮助要说谢谢，如果同时说明感谢的原因会使你的感谢显得更为真诚。例如"感谢您给我提供的资料，让我省去了很多麻烦。""谢谢您送我的书，我很喜欢。"

九、道歉语

做错事情要说"对不起"以表歉意，作为旅游从业人员，有时候没有做错事情也要学会致歉，如"很抱歉，让您久等了"。

十、赞赏语

中国人一般不习惯直接表达自己的赞赏，但每个人都希望得到别人的赞赏，适当赞美别人能够表达善意，增进双方的感情。

【基础技能2——"非"礼勿其行】

使用礼貌用语的不恰当方式如下：

1. 讲粗话、脏话

在与人沟通交流中，用语要文明，不可以口带脏字，也不可口出粗话，应尽量减少口头禅。

2. 讲怪话、气话

讲话时一定要平等待人，不讥讽嘲弄，不怨天尤人，不指桑骂槐，不颠倒是非。

3. 用语模棱两可

在言谈中，发音要清晰，表述要准确，尽量不用方言、土语，以免产生误会。

4. 表情东张西望

交谈时神态要专注，边交谈边处理与交谈无关的事务是轻慢对方的表现。

5. 举止乱用手势

说话时适当的手势可以加强语气或表示特殊的感情，但过多的手势、无意义的举动会分散对方的注意力，影响对谈话内容的理解。

学习情景四　礼貌服务语言篇——言之有礼

6. 侧重明显，冷落别人

在谈话中，为使对方觉得你的确在听而不是在发呆，应根据情景或微笑或点头，适时插入一两点提问，如"原来是这样，后来呢？"等。在谈话现场超过三人时，不要只与其中一两个人交谈，也不要只与个别人谈只有两个人知道的事情而冷落别人。

7. 话题涉及别人隐私

某一特定时间段内话题宜少不宜多。除非办理手续的要求，一般不要涉及女士的年龄、婚否，不询问对方履历、工资收入、家庭财产、衣饰价格等私人生活方面的问题。

8. 随意打断对方

认真倾听别人讲话，才能领会对方意图。当别人正讲得起劲时，尽量不要打断。

9. 当众批评别人

在社交场合尽量避免谈论容易引起争执的话题，如有异议，可以使用疑问或商讨的语气提出。不当众批评对方，也不伤害对方的自尊，是交谈中最起码的礼貌。

【提升技能——"用"礼展形象】

张先生是某酒店的长住客人，一天早晨他到咖啡厅吃早餐，走出房门迎面看到楼层服务员小王。小王热情地称呼客人："张先生，早上好。"来到咖啡厅，迎送员小李对他说："张先生早，您今天可真精神。"坐到座位上后，值台服务员小赵面带微笑迎上来："早，张先生，今天想吃点什么？"

客人（尤其是常住客人）在酒店中会接触很多岗位的服务人员，如果使用千篇一律的招呼用语会使客人感到厌烦，也缺乏诚意。酒店可以使用"七彩虹招呼法"[1]，在规范的服务用语基础上稍加变动，使客人感觉更亲切，也更用心，有"宾至如归"的感觉。

【"明"礼入我心】

尊重是礼仪交往的核心，尊重别人使你被人接纳，得到善待，与别人同享自尊的快乐。尊重不是流于嘴上的唯唯诺诺抑或无端夸赞，更不是溜须拍马的曲意迎合。真正的尊重是发自内心的把对方当回事，是一种不由自主的高贵人格的自然流露。层次越高的人，越懂得尊重别人。

---

[1] 七彩虹招呼法是指企业根据各岗位工作特点及客人的不同情况，在不同场合使用各不相同的招呼用语，以使客人有宾至如归的感受。

任务二　礼貌用语运用——良言一句三冬暖

【"践"礼小故事】

"老外"有时并不"外"

一天，有一位斯里兰卡客人来到南京某酒店下榻。前厅部接待员为之办理住店手续。由于需要确认客人身份，核对证件耽搁了一些时间，客人有些不耐烦。于是接待员便用中文向客人的陪同进行解释。言语中他随口以"老外"二字称呼客人，可巧这位陪同正是客人的妻子，结果引起客人极大不满。事后，接待员虽然向客人表示了歉意，但客人仍表示不予谅解，给酒店声誉带来了消极的影响。

分析：

这个事例，对饭店的每一位员工来说，应引以为戒。这位接待员在对客服务中，不注意使用礼貌语言。他误认为，外国客人听不懂中文，称呼"老外"无所谓。其实"老外"有时并不"外"，一旦客人听懂你以不礼貌的语言称呼他，心里肯定会不舒服。

在饭店服务中，使用礼貌用语是对服务人员的基本要求，我们每位员工在对客服务中，都应做到语言优美、礼貌待客，这样才能满足客人希望受到尊重的心理，才会赢得客人的满意。

【"执"礼任务单】

1. 礼貌用语的"五声十一字"是指什么？
2. 常用的礼貌用语有哪些？
3. 语言交流应避免出现哪些问题？

知识链接

巧解尴尬

在在一次小型的联欢会上，观众席上有一位女士问一位著名的喜剧演员："听说你在全国笑星中出场费是最高的，一场要一万多元，是吗？"这个问题让人为难：如果演员作出肯定的答复，那会有许多不便，如果确有其事，他也就不好作出否定的回答。面对这样一个尴尬的问题，作出了如下的回答。

这位喜剧演员说："您的问题提得很突然，请问您是哪个单位的？"

"我是大连一个电器经销公司的。"那位女士说。

"你们经营什么产品？"

"有录像机、电视机、录音机……"

"一台录像机卖多少钱？"

"四千元。"

"那有人给你四百元你卖吗？"

"那当然不能卖，一种商品的价格是由它的价值决定的。"那女性非常干脆地回答他。

"那就对了，演员的价值是由观众决定的。"

学习情景四 礼貌服务语言篇——言之有礼

融入个人魅力　展现礼仪风采

人与人之间最直接的沟通方式就是语言的沟通，语言表达能力是一种十分重要的能力，不会表达，即使有再多的想法也无法表现出来，与人交往也会有困难。在现代社会，良好的表达和沟通能力是良好社会关系最基本的条件。

要做到语言文雅不是一朝一夕的功夫。个人内涵的提升，表达能力的提高都要经历一个长期而艰苦的过程。

1、速读朗诵，准确发声

速读也就是快速朗读，目的是锻炼口齿伶俐、语音准确、吐字清晰。读的过程中不要有停顿，尽量做到发生完整，要快而不乱。

背诵一些表达优美的文字，分析理解所选材料，体会作者思想感情，找出重音，划分停顿，用准确的语音语调进行朗诵。

2、读书积累，丰富内涵

腹有诗书气自华。多读不同类型的书，多读有益身心的书，你会从中获取大量知识，积累丰富的谈资，与人沟通时做到言之有物。

3、勤于训练，积累经验

多与你的家人、同学、老师、朋友交流沟通，既能增进彼此感情，又能积累谈话经验，逐渐领悟出与不同的人交流所需要的方式和技巧，你也会变得越来越敢于表达，善于交际。

4、模仿反思，提高技巧

训练语言表达的技巧从模仿开始。可以多看一些名人的演讲与访谈，观察他们是如何说话的，模仿他们的口才。

在模仿的基础上要学会不断反思提高。反思自己在与人交流中的说话方式、语气、用词等是否恰当，从而不断改善，提高表达技巧。

常用社交礼仪用语：

初次见面说"久仰"；等候客人用"恭候"；

对方来信叫"惠书"；请人帮忙说"劳驾"；

托人办事用"拜托"；请人指点用"赐教"；

赞人见解用"高见"；求人原谅说"包涵"；

与人分别用"告辞"；看望别人用"拜访"；

请人勿送用"留步"；麻烦别人说"打扰"；

求给方便说"借光"；赠送作品用"斧正"；

好久不见说"久违"；中途先走用"失陪"。

学习情景五

常用交往礼仪篇——以礼相待

任务一 称呼——说对名字是对人最好的尊重

任务背景

一个小伙子向一位老农问路:"喂,到李家庄怎么走呀?"老农说:"走大路一万丈,走小路七八千丈。"小伙子说:"你们这里怎么论丈不论里呀?"老农说:"原来你也讲理呀。"

称呼是指人们在日常交往应酬中采用的彼此之间的称谓语。在人际交往中,选择正确、适当的称呼,反映出自身的教养和对对方尊敬的程度,甚至还表现出双方关系发展所达到的程度和社会风尚,因此不能疏忽大意,随便乱用。

任务概述

1. 了解不同国家、地区的姓名构成。
2. 掌握不同的称呼方式,并能在服务和交往中灵活运用。

【基础技能1——"是"礼学其规】

一、姓名

(一)前姓后名

亚洲其他地区国家,人的姓名结构和顺序与我国基本相同,都是前姓后名。日本女子婚前用父姓,婚后用夫姓,在日常交往中只称其姓,在正式场合才用全名。在西方国家中,匈牙利人的姓名构成属于前姓后名。

（二）前名后姓

欧美以及亚洲的印度、泰国、菲律宾等国家人的姓名通常前边是名后边为姓，如乔治·华盛顿，乔治是名，华盛顿是姓。一般女子婚前用自己的姓，婚后加丈夫姓；日常称呼客人可以用姓加"先生"或"女士"，在正式场合需要称呼全名加上"先生"或"女士"。

（三）有名无姓

缅甸人仅有名而无姓。常见缅甸人名前的"吴"不是姓而是一种尊称，意为"先生"。常用的尊称还有"杜"，是对女子的尊称，意为"女士"，缅甸人重名的很多，因此为表示区别，往往在名字前或名字后加上籍贯或工作单位、职业名称等。印度尼西亚人大多数只有名而没有姓，在印度尼西亚并没有法律规定必须有姓，很多人的名即为其全名。

二、称呼

（一）几种主要的称呼方式

1. 泛尊称

男士无论年龄婚否，可统称为"先生"；女士则根据婚姻状况而定。已婚女士可称"夫人""太太"，未婚女士称"小姐"。对婚姻状况不明的女宾，可以称"小姐"或"女士"。以上称呼可以连同姓与名、职衔、学位一起使用。如"史密斯先生""布朗小姐"等。

2. 职务称

公务活动中通常以职务称呼，如"经理""处长""校长"等，职务称还可以与泛尊称、姓名、姓氏连在一起使用，如"处长先生""李林经理""周校长"等。

3. 职衔称

如博士、教授、律师、法官等，还可以与泛尊称、姓氏、姓名一起使用，如"法官先生""张教授""王律师""赵轩博士"等。

4. 职业称

老师、教练、警官、医生等可以直接以职业称呼，还可以与姓、姓名一起使用，如"王警官""张老师""李尊医生"等。

5. 姓名称

直呼姓名，中国人为表示亲切，在姓氏前加"老""大""小"，如"老张""大刘""小李"等。

6. 特殊性称呼

对地位较高的官方人士（一般指部长级以上的高级官员及军队中的高级将领），应加上"阁下"二字以示尊重。对君主立宪制国家则应称皇帝、皇后、国王、王后为"陛下"，称王子、公主、亲王为"殿下"等。

（二）使用称呼注意事项

（1）有些人有多种不同的职务，在公开场合的称呼应遵循就高不就低的原则。

（2）有些人有多种不同的身份，称呼时应根据双方的关系来确定，如是普通关系，则以职衔称优先。

（3）要照顾被称呼者的个人习惯。

（4）要入乡随俗。

【基础技能 2——"非"礼勿其行】

1. 使用错误的称呼

主要因粗心大意、用心不专而称呼错误。常见的错误称呼有两种：

（1）误读，一般表现为念错被称呼者的姓名。

（2）误会，主要指对被称呼者的年纪、辈分、婚否以及与其他人的关系做出了错误判断。比如，将未婚女士称为"夫人"，就属于误会。

2. 使用不通行的称呼

有些称呼，具有一定的地域性，如北京人称呼人为"师傅"，山东人称呼人为"老师"，在南方人听来，"师傅"等于"出家人"，"老师"肯定是对文教卫生行业从业员的称呼。

3. 使用不当的行业称呼

军人经常互称为战友，工人通常互称为师傅，但如果称呼"业外人士"则不太合适。另外，某些行业称呼在使用时应注意规范，如"生物老师"等容易让人产生歧义。

4. 使用绰号作为称呼

对于关系一般者，切勿自作主张给对方起绰号，更不能随意以道听途说的绰号来称呼对方，不要随便拿别人的姓名乱开玩笑。

【提升技能——"用"礼展形象】

在职场上常用的称呼有以下几种:

1. 职务性称呼

即称呼对方的行政职务,可只以职务相称,如董事长、总经理、主任等,也可在行政职务前加姓氏,如李主任、王秘书等,或者可以在行政职务前加上姓名,如王强董事长、李明总经理,这种称呼通常用于比较正式的场合。

2. 职称性称呼

通常用于称呼具有中高级职称者,如总工程师、会计师等;也可在职称前加对方的姓氏,如王教授、谢律师等;或者可在职称前加对方姓名全称,如钟南山教授、李兰娟院士等,通常用于正式场合。

3. 学衔性称呼

在某些需要强调科技或知识含量的场合使用,可以只称呼人的学衔,如博士、主任医师等,也可前边加对方的姓氏或姓名,通常加全名称呼用在比较正式的场合。

4. 行业性称呼

在不清楚对方职务职称的情况下可只以对方所在行业称呼,如称呼教育工作者老师,称呼医务工作者大夫等,这类称呼前也可冠以姓氏或姓名。

【"明"礼入我心】

在社交活动中,称呼要得体、规范。一句得体的称呼,既能引起对方的注意,也一下拉近了双方的距离。把每一件简单的事做好就是不简单,把每一件平凡的事做好就是不平凡。所谓绝招,就是用细节的功夫堆砌出来的。对所做的事有强烈的责任感,做事做到位的可能性就大。

【"践"礼小故事】

"小姐"还是"太太"

有一位先生为外国朋友订制生日蛋糕。他来到一家酒店的餐厅,对服务员说:"小姐,您好,我要为一位朋友订一份生日蛋糕,同时买一份贺卡。"服务员接过订单一看,忙说:"对不起,请问先生您的朋友是小姐还是太太?"这位先生也不清楚这位外国朋友结婚没有,他为难地想了想,说:"一大把岁数了,应该是太太。"

生日蛋糕做好后,服务员按地址到酒店客房送生日蛋糕。敲门后,一女子开门,服务员礼貌地问候:"您好,请问,您是怀特太太吗?"女子愣了愣,不高兴地说"错了!"便关上了房门。服务员抬头看看门牌号,再回头给那位先生打电话确认。确认无误,房间号码没错。于是又敲一遍门,"您好,怀特太太,这是您的蛋糕"。那女子很生气,大声说:"告诉你错了,这里只有怀特小姐,没有怀特太太!"说完"啪"一声,大力关上了房门。

在这个案例中,服务员在没有弄清客人婚姻状态的前提下,选择了错误的称呼,造成外国朋友的强烈不满。在西方,"夫人""太太"是称呼已婚女子的,成年而未婚的女子称"小姐"。通常已婚女士被别人称作"小姐"时,会愉快地接受这一"误称"。相反,未婚女士被别人称作"太太"时,都会格外介意。对于婚姻状况不明的成年女性,可泛称"小姐"或"女士"以避免尴尬。

【"执"礼任务单】

1. 社交礼仪中常用的称呼有哪几种?
2. 职场上如何正确使用称呼?

任务二　介绍——留下完美第一印象

任务背景

在社交活动中,每个人都需要与别人进行必要的沟通,以寻求理解、帮助和支持。介绍是人际交往中与他人进行沟通、增进了解、建立联系的一种最基本、最常规的方式,是人与人进行相互沟通的出发点。在社交场合,如能正确利用介绍和自我介绍,不仅可以扩大自己的交际圈,广交朋友,而且有助于自我展示、自我宣传,在人际交往中避免误会,减少麻烦。

任务概述

1. 熟悉自我介绍的形式,掌握自我介绍的要领。
2. 掌握别人介绍的要领,并能够在不同的场合进行得体的介绍。

学习情景五 常用交往礼仪篇——以礼相待

【基础技能1——"是"礼学其规】

在社交活动中，如欲结识某些人或某个人，而又无人引见，如有可能，即可向对方自报家门，自己将自己介绍给对方。如果有介绍人在场，自我介绍则被视为不礼貌的。

一、自我介绍的形式

1. 应酬式

应酬式的自我介绍，往往只包括姓名一项即可。

例如，"你好，我叫张强。"

2. 工作式

工作式自我介绍的内容，应当包括本人姓名、供职的单位及部门、担负的职务或从事的具体工作。

例如，"你好，我叫张强，是金洪恩电脑公司的销售经理。"

3. 交流式

交流式自我介绍的内容，大体应当包括本人姓名、工作、籍贯、学历、兴趣以及与交往对象的某些熟人的关系。

例如，"你好，我叫张强，我在金洪恩电脑公司上班。我是李波的老乡，都是北京人。"

4. 礼仪式

礼仪式自我介绍的内容，应当包含姓名、单位、职务等项，但是还应多加入一些适宜的谦辞、敬语，以示自己礼待交往对象。

例如，"各位来宾，大家好！我叫张强，我是金洪恩电脑公司的销售经理。我代表本公司热烈欢迎大家光临我们的展览会，希望大家……"

自我介绍

二、自我介绍的基本要领

1. 把握时机

自我介绍的时间以半分钟左右为佳，如无特殊情况最好不要长于一分钟。进行自我介绍的适当时机是指对方有兴趣、有空闲、情绪好、干扰少或有要求时。

2. 讲究态度

自我介绍时，态度务必要自然、友善、亲切、随和，应显得落落大方，笑容可掬。

3. 姿势端正

自我介绍时应立正站好，说到自己时用右手抚自己左胸，如图 5-2-1 所示。

4. 真实诚恳

自我介绍时要实事求是，真实可信，不可自吹自擂，夸大其词。

图 5-2-1　自我介绍姿势

【基础技能 2——"非"礼勿其行】

不得体的介绍如下：

1. 举止慌张，表情随意

仪表端庄、举止大方、表情自然是真诚友好的外在表现，切忌慌慌张张或散漫随意。

2. 过分炫耀，妄自菲薄

介绍或自我介绍时措辞要得体，既不要过分炫耀也不可妄自菲薄，而应实事求是、恰如其分地介绍自己或别人。

3. 顺序跳跃混乱

在为别人互相介绍时，首先要明确被介绍的双方有无结识的欲望，还要了解双方的身份地位，越是正式、大型的社交场合，介绍的顺序就越不能马虎。

4. 使用易生歧义的简称

在大型、正式的社交场合或者首次介绍时，应使用准确的全称，然后方才可以使用简称。如"中国人民大学""消费者协会"不要说成"人大""消协"。

【提升技能——"用"礼展形象】

他人介绍，又称第三者介绍，是经第三者为彼此不相识的双方引见、介绍的一种介绍方式。

他人介绍

学习情景五　常用交往礼仪篇——以礼相待

一、介绍者的身份

不同的介绍人，给客人的待遇也是不一样的，一般来讲，介绍人可以由以下几种人充当：可以有专职接待人员，如秘书、办公室主任、接待员；双方的熟人；贵宾的介绍，由主人一方职务最高者充当介绍人。

二、介绍的手势

在为别人做介绍时，应侧身面对被介绍双方，掌心向上成45度角，四指并拢，拇指自然张开，手指到被介绍者胸部的高度，手臂略伸开，与身体成50~60度夹角（图5-2-2），并向另一方点头微笑，用自己的视线把对方的注意力引导过来，态度热情友好，语言清晰明快。

图 5-2-2　介绍的手势

三、介绍的注意事项

（1）作为介绍者，决定为别人做介绍时，要熟悉双方情况。如有可能，在为别人做介绍之前，最好先征求一下双方的意见，以免为原本相识或关系恶劣者去做介绍。

（2）在为别人做介绍时，介绍的顺序是一个比较敏感的礼仪问题。根据规范，处理这一问题，必须遵守"尊者优先了解情况"的原则，即先介绍位卑者，后介绍位尊者；先介绍男士，后介绍女士；先介绍年轻者，后介绍年长者；先介绍主人，后介绍客人；先介绍下级，后介绍上级。如果双方都有很多人，要先从主人方的职位高者开始介绍。

（3）作为被介绍者，除年长者外，男子一般应起立。在宴会、会议、座谈中则可不必起立，微笑点头致意即可；在平辈平级的情况下，女子可不起立。

（4）介绍后，被介绍双方通常会握手并互致问候。当需要表示庄严、郑重和特别客气的时候，还可以在问候的同时微微欠身或鞠躬。

🍁【"明"礼入我心】

谦卑就是甘愿让对方处在重要的位置，让自己处在次要的位置。《易经·谦卦》说：谦卑是指人因为虚心所以能进入对方的心，被别人接纳。而在沟通时彼此接纳是很重要的，因此谦卑作为一种品格也非常重要。要永远保持一颗谦卑的心，努力向身边所有的人和事学习。没有人不知道"谦虚使人进步，骄傲使人落后"的道理，但能够在这片土壤中开花结果的又有几个？生活中并非没有真理，而是人们缺少身体力行的勇气和毅力。

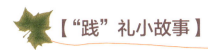

【"践"礼小故事】

失败的介绍

小顾有心让朋友老张和自己的新朋友小朱认识,正好有一次小朱陪小顾看展览,遇到了老张。小顾马上热情地招呼老张。小顾先对小朱说:"这就是我常和你提起的老张,是泥塑高手。"随即对老张说:"老张,这是我新认识的朋友,小朱,对泥塑挺有研究的。"人到中年的老张见小朱只是个20多岁的普通青年,不禁感到被介绍给他很丢面子。打一个招呼就走了,不仅没接受小朱这个朋友,把小顾也冷落了。

在为别人做介绍时,要遵循"尊者优先了解情况"的原则。小顾显然违反了这一法则,老张与小朱相比,年龄上应属于长者,根据这一原则,应先介绍年轻者,后介绍年长者,而小顾则正好相反。老张是泥塑高手,而小朱是初有研究,老张应为长辈,小朱则为晚辈,小顾应先介绍晚辈,后介绍长辈,这样就能让老张见机行事。所以小顾此番介绍以失败而告终也不足为奇了。

【"执"礼任务单】

1. 哪些场合需要自我介绍,自我介绍的形式有哪几种?
2. 使用自我介绍应注意哪些问题?
3. 如何介绍别人相识?
4. 假如你今天新加入一个班级,请在班里做一次简单的自我介绍。
5. 请设计一个介绍的情景,并以小组为单位展示出来。

任务三 鞠躬——尊敬的深度体现

任务背景

商代有一种祭天仪式——"鞠祭"。祭品牛、羊等不切成块,而是将整体弯卷成圆形,古称鞠形,再摆到祭处奉祭,以此来表达祭祀者的恭敬与虔诚。这种习俗在一些地方一直保持着。人们在现实生活中,逐步沿用这种形式来表达自己对地位崇高者或长辈的崇敬。这也是"鞠躬"一词最早的由来。

学习情景五 常用交往礼仪篇——以礼相待

任务概述

1. 熟悉鞠躬礼的使用场合。
2. 掌握正确的鞠躬行礼的方法，并能够在适当的场合自如使用。

【基础技能1——"是"礼学其规】

一、鞠躬礼的使用场合

在我国，鞠躬通常用于下级对上级、学生对老师、晚辈对长辈表达由衷的敬意，也常用于服务人员对客人致意，或表演者、演讲者、领奖者对听众、观众表示尊敬和感谢。

二、鞠躬礼的行礼方法

行鞠躬礼时，应取立正姿势，脱帽，双目先注视受礼者，脚跟靠拢，脚尖略微分开，以腰为轴上体前倾，男士双手放在身体两侧（图5-3-1），女士双手合起放在体前（图5-3-2和图5-3-3），随身体前倾，双手顺势下滑。随身体前倾目光也自然下垂，表示一种谦恭的态度。行礼时，可以同时问候"您好""欢迎光临"等，也可致谢或致歉。鞠躬礼毕，直起身时，双目应有礼貌地注视对方，使人感到真诚。

图5-3-1 鞠躬礼（一）

图5-3-2 鞠躬礼（二）

图5-3-3 鞠躬礼（三）

【基础技能2——"非"礼勿其行】

不得体的鞠躬礼如下：

1. 动作随意

鞠躬时，切不可撇开两腿，随随便便弯一下腰或只往前探一下头当作行礼；嘴里不要吃东西或叼着香烟，这是不礼貌的。

2. 行礼时抬头

鞠躬时目光应该向下看，表示一种谦恭的态度，不可以一面鞠躬一面翻起眼睛或抬头看着对方。

3. 戴帽子鞠躬

鞠躬时必须脱帽，戴帽子鞠躬是不礼貌的，也容易使帽子掉下来。

【提升技能——"用"礼展形象】

行进中的鞠躬礼

如果在行进过程中遇到老师、长辈或客人，需要使用鞠躬礼时，应停步正式行礼，不可边走边看边鞠躬。行鞠躬礼后，施礼一方应向侧方横跨一步，并转身面对受礼者，目视受礼者走过才能走。

行进中的鞠躬礼

【"明"礼入我心】

鞠躬主要表达"弯身行礼，以示恭敬"的意思，出自《汉书·冯参传赞》："宜乡侯参鞠躬履方，择地而行，可谓淑人君子。"颜师古注："鞠躬，谨敬貌。"鞠躬不仅是我国的传统礼仪之一，也是很多国家的常用礼节之一。鞠躬礼的角度大小不同，表达不同程度的敬意，如弯 15 度左右，表示致谢；弯 30 度左右，表示诚恳和歉意；弯 90 度左右，表示忏悔、改过和谢罪。一般礼仪交往中见面礼用 30 度鞠躬，告别礼用 45 度鞠躬。

【"践"礼小故事】

背后的鞠躬

鞠躬礼是酒店服务人员最常用的礼节。一天，一位手提皮箱的客人走进某酒店的前厅。此时，正值交易会期间，大厅里客人进进出出，络绎不绝。行李员立即微笑地迎上前去，鞠躬问候，并跟在客人身后问其是否要帮助提皮箱。这位客人也许有急事，嘴里说了一声："不用，谢谢。"头也没回径直朝电梯走去，那位行李员朝着那匆匆离去的背影深深地鞠了一躬，嘴里还不断地说："欢迎，欢迎！"旁边的实习生看到这种情景困惑不解，便问行李员："当面给客人鞠躬是为了礼貌服务，可朝客人的后背深鞠躬又是为什么呢？""既是为了这位客人，也是为了其他客人。"行李员说，"如果此时那位客人突然回头，他会对我们的热情欢迎留下印象。同时，这也是给大堂里的其他客人看的，他们会想，当我转过身去，酒店的员工肯定对我一样礼貌。"

当面鞠躬热情问候为了礼貌服务；背后鞠躬虔诚备至为了树立良好的形象。鞠躬也是公关，这对树立酒店良好形象，赢得客人对饭店的好感，进而争取更多的客源能起到良好的作用。客人的消费心理告诉我们，进酒店的客人通常把尊重看得比金钱更重要，这就要求我们认真讲究礼节礼貌，使客人感到他在酒店里是受到尊重的。

【"执"礼任务单】

1. 通常在哪些场合需要使用鞠躬礼？
2. 试述鞠躬礼的行礼方法。
3. 遇到老师时练习使用鞠躬礼。

任务四 握手——自信、自如交往的开始

任务背景

两人相向，握手为礼，是当今世界最为流行的礼节。不仅熟人、朋友，连陌生人、对手，都可能握手。握手常常伴随寒暄、致意，如你（您）好、欢迎、多谢、保重、再见等。握手礼含义很多，视情况而定，分别表示相识、相见、告别、友好、祝贺、感谢、鼓励、支持、慰问等不同意义。

任务概述

1. 熟悉握手礼的使用场合。
2. 掌握正确的握手礼的要领，并能够在适当的场合自如使用。

【基础技能1——"是"礼学其规】

一、握手礼的使用场合

在正式的或非正式的社交场合，表示欢迎与道别、祝贺与感谢、高兴与问候、理解与慰问都可以使用握手礼。

二、握手的要领

（一）握手的顺序

1. 一般的握手顺序

一般遵循"位尊者先伸手"的原则。主人、长辈、上司、女士主动伸出手，客人、晚辈、下属、男士再相迎握手。

2. 几种特殊情况的握手顺序

（1）主客之间握手。

当客人抵达时，不论对方是男士还是女士，主人都应该主动先伸出手；当客人告辞时，则应由客人先伸出手。

（2）一对多握手。

一般由尊者先伸手，遵循先长辈后晚辈、先女士后男士、先上级后下级的顺序。也可以按顺时针方向依次握手。

（3）公务场合握手。

伸手的先后次序主要取决于职位、身份，由身份地位高的人先伸手。

（二）握手礼的要求

1. 神态专注

与人握手时，一般应面带微笑，目视对方双眼，神态专注，表情友好自然，态度热情，并互相问候。

2. 姿态自然

握手行礼（图5-4-1）时，一般与对方距离约1米，上身稍向前倾，伸出右手，四指并拢，拇指张开，与对方相握，用力适度，上下稍许晃动三四次，随后松开手，身体恢复直立。

与别人行握手礼时，如无特殊情况，都应起身站立。除非长辈或女士，坐着与人握手是不礼貌的。握手时身体稍往前倾，不能挺胸昂头。当长辈伸手时，应急步趋前，用双手握住对方的手，说"欢迎您""见到您很高兴"等热情洋溢的话语。

图 5-4-1　握手行礼

3. 适当的时间和力度

握手的时间要恰当，长短要因人而异，一般原则可根据双方的熟悉程度灵活掌握。初次见面握手时间不宜过长，以 3 秒为宜。

握手时的力度要适当，可握得稍紧些，以示热情，但不可太用力。男士握女士的手时应轻一些，不宜握满全手，只握其手指部位即可，如图 5-4-2 所示。

图 5-4-2　握手的力度

【基础技能 2——"非"礼勿其行】

不得体的握手礼如下：

（1）用左手握手（阿拉伯人、印度人认为左手是不洁的）。

（2）握手时戴着手套或墨镜（只有女士着礼服时可以戴薄纱手套）。

（3）握手时插兜或拿东西。

（4）握手时面无表情、不置一词或长篇大论、点头哈腰，过分客套。

（5）在握手时仅仅握住对方的手指尖。

（6）握手时把对方的手拉过来、推过去，或者上下左右抖个没完。

（7）别人主动伸手后拒绝迎握。

（8）握手后擦手。

【提升技能——"用"礼展形象】

不同方式的握手礼

1. 平等式握手

这是最为普通的握手方式，适用于与初次见面或交往不深的人相握。

2. 手套式握手

主动握手者用右手握住对方的右手，再用左手握住对方右手的手背。这种握手方式不适于初次见面的人或商务场合握手使用。

3. 双握式握手

用双手握手的人，目的是向对方传递出一种真挚、深厚的友好感情。右手与对方的右手相握，然后左手移向对方的右臂，或左手拍打对方的肩背部。这种握手方式只在关系极为密切的人之间使用。

4. 抓指尖式握手

抓指尖式握手（图5-4-3）只让对方握住自己的手指尖，即使主动伸出手，表面上显得热情亲切，但仍会给对方一种十分冷淡的感觉。其目的也是想保持与对方的距离间隔。

5. 控制式握手

控制式握手（图5-4-4）掌心向下，显得傲慢，似乎处于高人一等的地位，表现出一种支配欲和驾驭感。

图5-4-3　抓指尖式握手

图5-4-4　控制式握手

6. 乞讨式握手

乞讨式握手掌心向上，是谦恭和顺从的表现，心理上处于被支配的地位。

【"明"礼入我心】

握手礼来源于原始社会。在远古时代，人类征服自然的能力较低，外出通常手里要拿着棍棒等作为防身武器。如果遇到素不相识的人，为了表示友好，就会扔掉手里的武器，并且摊开手掌让对方看看，示意手里没有武器，自己没有恶意。后来，这个动作被武士们用于无意争斗的表示，他们会伸开手掌互相碰触，表示手中没有武器。随着时代的变迁，这个动作就逐渐形成了现在的握手礼。

学习情景五　常用交往礼仪篇——以礼相待

【"践"礼小故事】

外交官的握手

1954年，我国参加了日内瓦会议，并且取到了重大的外交突破，我们以大国的身份，首次亮相国际舞台。

日内瓦会议期间，有一个美国记者上前来主动和周总理握手，出于外交礼节的需要，周总理并没有拒绝，微笑着伸出手和他握手，但刚握完手这位美国记者就大声说："我怎么能和中国的好战者握手呢？真是不该，太不该了！"说着就掏出手帕擦手，然后将手帕塞进裤兜，很多人都好奇的围过来看总理如何处理。总理微微皱眉，也拿出了自己的手帕，在手上擦了擦，走到拐角处，把它扔进了垃圾桶，说："这个手帕恐怕再也洗不干净了。"

这个回应，让人拍案叫绝，彰显了总理的智慧，也狠狠地教会这位记者，怎么尊重他人。

【"执"礼任务单】

1. 哪些场合需要使用握手礼？
2. 如何正确使用握手礼？
3. 使用握手礼有哪些注意事项？
4. 设计一个同时用到介绍和握手的情境，并以小组为单位进行演示。

任务五　名片——有"礼"走遍天下

任务背景

名片在商务活动和人际交往中，使用十分普遍。作为一种自我的"介绍信"和社交的"联谊卡"，在人际交往中可以用来证明身份，广结善缘，既可以联络老朋友，也能结识新朋友。现代名片是一种经过设计、能表示自己身份、便于交往和开展工作的卡片，名片不仅可以用作自我介绍，而且可用作祝贺、答谢、拜访、慰问、赠礼附言、备忘、访客留话等。在社交中，名片的使用只有合乎礼仪规范，才能充分发挥名片的作用。

任务概述

1. 了解名片的类型。
2. 掌握递送和接受名片的方法并能够自如地和熟人或初次相见的人交换名片。

任务五 名片——有"礼"走遍天下

【基础技能1——"是"礼学其规】

一、名片的类型

（1）社交名片：只印姓名、地址、电话。
（2）职业名片：除印姓名、地址、电话外还要印单位、职称、社会兼职。
（3）商务名片：除姓名、地址、电话、单位、职称、社会兼职外，还要印上单位业务范围、经营项目等。

二、递送名片

1. 备足名片

外出前要备好名片夹，并准备好数量充足的名片，以备使用。

2. 放置适当

名片夹放在衬衫左侧胸前的口袋，或西装上衣右侧内口袋或公文包里固定的位置，免得使用时东翻西找，有失雅观。

3. 举止大方

递送名片时应起立，面对客人站好，上体略微前倾，双目注视对方，面带微笑（图5-5-1），双手拇指在上，四指在下，握住名片的两个角，递送到对方面前（图5-5-2），并谦恭地说"请多指教""请多关照"。注意将名片的正面及文字的正面朝向对方，以方便对方阅看。

图5-5-1 递送名片（一）

图5-5-2 递送名片（二）

4. 先后有序

身份、地位低者应主动先向地位高者呈送名片。向多人递送名片时，应按职位高低，先向身份地位高者递送，或由近及远，依次递送。

三、接收名片

1. 举止谦恭

对方站立且恭敬地递送名片，那么接受名片时同样应起立，微微欠身，双目注视对方名片，用双手接过，并微笑点头，说"谢谢"。

递交名片

2. 适当读出重要信息

接收对方名片后，应认真阅看，可以将名片上的重要信息读出来以示尊重。遇到姓名难读之处要虚心请教对方，这样会让对方产生深受重视的欣慰感。

3. 妥善放置

如站立与别人交谈，名片应双手拿在齐胸的高度；如坐着与别人交谈，名片应放在视线所及之处，以示对对方的尊重，不可随意放置。

4. 表达歉意

接受他人名片后，若自己没带名片应礼貌致歉。

【基础技能2——"非"礼勿其行】

不得体的名片使用方式如下：

（1）名片上的头衔过多（在社交活动中一般挑比较重要的信息即可，或可根据使用场合的不同准备几种头衔的系列名片）。

（2）向多人递送名片时跳跃式进行（应按照职位，先递送给职位高者，或由近及远，以免有厚此薄彼之嫌）。

（3）接过他人名片后一眼不看就随手放在一边或放在桌上，或用手把玩名片，或在名片上摆放他物（应仔细阅看，妥善保管）。

（4）随意散发名片或逢人就索要名片（显得太随便，别人也不会重视）。

【提升技能——"用"礼展形象】

名片的特殊用途如下：

1. 充当礼单

以私人身份向别人馈送礼品时，可将本人的社交名片充当礼单，置于礼品包装之内。

2. 介绍相识

如欲向自己相识之人介绍某人，亦可使用名片。

3. 简短留言

如拜访某人不遇，或需要向某人传达某事而对方不在时，可留下自己的名片，并在名片上简单写上具体事由，然后委托他人转交。

4. 拜会别人

在初次前往别人工作单位或私人居所进行正式拜访时，可先把本人名片交于对方的门卫、秘书或家人，然后由其转交给拜访之人。

【"明"礼入我心】

名片是我国古代文明的产物。据清代学者赵翼的著作《陔余丛考》中记载："古人通名，本用削木书字，汉时谓之谒，汉末谓之刺，汉以后则虽用纸，而仍相沿曰刺"。可见，名片的前身即我国古人所用的"谒""刺"。

名片发展至今，已是现代人交往中一种必不可少的联络工具，成为具有一定社会性、广泛性，便于携带、使用、保存和查阅的信息载体之一。在人际交往中，名片也被认为是一个人身份的代表，规范名片的使用礼节也是现代社交活动中互相尊重的体现。

【"践"礼小故事】

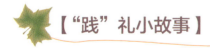

失败的拜访

某公司新建的办公大楼需要添置一系列的办公家具，总价值可达数百万元。公司的总经理已做了决定，向 A 公司购买这批办公家具。

这天，A 公司的销售部负责人打来电话，要上门拜访这位总经理。总经理打算等对方来了，就在订单上盖章，定下这笔生意。不料对方比预定的时间提前了两小时到，原来对方听说这家公司的员工宿舍也会在近期内落成，希望员工宿舍需要的家具也能向 A 公司购买。为了谈这件事，销售负责人还带来了一大堆资料，摆满了台面。总经理没料到对方会提前到访，刚好手边又有事，便请秘书让对方等一会儿。这位销售人员等了不到半小时，就开始不耐烦了，一边收拾资料一边说："我还是改天再来拜访吧。"这时，总经理发现对方在收拾资料准备离开时，不小心将自己刚才递上的名片掉在了地上，对方却并没发觉，走时还从名片上踩了过去。但这个不小心的失误，却令总经理改变了计划，A 公司不仅没有机会与对方商谈员工宿舍的设备购买，连几乎到手的数百万元办公家具的生意也告吹了。

接过他人的名片看过之后，应将其精心放入自己的名片包、名片夹或上衣口袋里，切勿放在其他地方，而 A 公司这位销售人员却随意摆放别人名片，掉在地上而浑然不知，这是对对方不敬、不尊重的表现。而且在等待的过程中，举止有失礼仪，给人不耐烦的感觉。这位销售人员的表现向社交对象发出了两个信号：一是对此生意的无所谓态度，二是不尊重对方的态度。生意告吹也就不可避免了。

学习情景五 常用交往礼仪篇——以礼相待

【"执"礼任务单】

1. 如何递交和接受名片？
2. 使用名片时有哪些需要注意的问题？
3. 设计情境，需同时使用介绍或自我介绍、握手、名片礼节，并以小组为单位进行演示。

任务六 接打电话——不见其人先闻其声

任务背景

随着科学技术的发展和人们生活水平的提高，通信技术的发展日新月异。我们的工作和生活都离不开电话，通过电话处理各种公务或私人的事务成为生活的常态。打电话看起来很容易，对着话筒与对方交谈，觉得和当面交谈一样简单，其实不然，打电话大有讲究，可以说是一门学问、一门艺术。

任务概述

1. 掌握接打电话的礼仪要求。
2. 掌握手机的使用规范，并能够在服务与交往中正确使用手机。

【基础技能1——"是"礼学其规】

一、拨打电话的礼仪

1. 时间选择

除非你了解对方的生活习惯，一般不要在早上7点以前或晚上10点以后给人打电话，中午也要注意避开对方的休息时间，如打国际长途电话应充分考虑时差。

2. 提纲挈领

打电话之前应先整理好自己的思路，必要时可列好提纲，以保证能够准确表达自己的想法或要求。

3. 互通姓名

电话接通后，首先问候对方，为尽快使对方了解自己是谁，通话双方都应当报上自己的名字；可根据情况说明自己的身份，接下来再说明打电话的目的。

4. 把握时间

正常情况下公务电话通话时间保持在3分钟左右，一般不超过5分钟。

5. 用语礼貌

说话时的语速要适中，态度要温和，不要随意打断别人讲话。

6. 体态端庄

接打电话时要上身挺直，坐姿或站姿要端正。

7. 礼貌挂断

要结束电话交谈时，一般应当由打电话的一方提出，然后彼此客气地道别。

二、接听电话的礼仪

1. 及时接听

一般在电话铃响2~3声内接听，如果铃响3声以后再接电话，则接起来第一句话应该说"对不起，让您久等了"。

2. 随时记录

在于边准备好纸和笔，随时记下所听到的信息，如图5-6-1所示。

电话记录既要简洁又要完备，随时牢记5W1H技巧，在工作中这些资料都是十分重要的。所谓"5W1H"是指When（何时）、Who（何人）、Where（何地）、What（何事）、Why（为什么）、How（如何进行）。

图5-6-1　随时记录

3. 自报家门

拿起电话首先问好，之后应清晰地说出自己的全名。

4. 转入正题

在接听电话时，不要说一些无关的事情拖延时间，而应立即说正经事。

5. 避免转接

自己接的电话尽量自己处理，只有在万不得已的情况下才能拜托别人。同时，应该向对方解释原因，并请求谅解。

6. 复述要点

如果有事需要转告或接听客人电话，则应在对方陈述完诉求后重复电话所提问题的要点和对方确认。

7. 特殊情况

如果在接电话时，不得不停下查阅一些资料，应当动作迅速。如果因为网络问题导致通话中断，则接听电话一方应尽快回拨电话，以免对方误会。

【基础技能2——"非"礼勿其行】

不得体的接打电话礼仪如下：

（1）做与电话内容无关的事，声音模糊。

（2）拖拉延误，语意不明。

（3）音量过大或过小。

（4）喋喋不休煲电话粥。

（5）索要别人手机号码。

【提升技能——"用"礼展形象】

手机的使用礼仪如下：

1. 手机的放置

在公共场合，手机没有使用时，通常可以放在随身携带的公文包里，或是上衣的内袋里；不要放在桌子上，特别是不能对着对面正在聊天的客人摆放。

2. 手机的使用场合

在某些公共场合（如楼梯、电梯、路口、人行道等地方）接听电话时，应该尽量压低自己的声音，以免影响别人。在剧场、图书馆、医院等公共场合接打手机是很不礼貌的行为，如有特殊情况需要接打电话应暂时离开；在会议中或和别人洽谈的时候，最好是把手机关掉，起码也要调到静音状态，这样既显示出对别人的尊重，又不会打断发言者的思路。

3. 手机的使用时间

给对方打手机时，首先应考虑对方时间是否方便，自报家门后应先问"请问现在通话方便吗？"

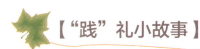

4. 手机的铃声选择

手机在职场上起着举足轻重的作用，公务员、公司管理人员等由于岗位性质的需要，应该以稳重的形象示人，因此，在工作场合，应使用与自身身份相符的手机铃声。

【"明"礼入我心】

电话是不见面的交谈艺术，交谈对象通过对方接电话的速度，讲话的声音、语气、语调来判断对方的态度。打电话时不能吸烟、喝茶、吃零食，即使是懒散的姿势对方也能够"听"得出来。如果你打电话的时候，弯着腰躺在椅子上，对方听到声音就是懒散的，无精打采的，若坐姿端正，所发出的声音也会亲切悦耳，充满活力。因此打电话时，即使看不见对方，也要当作对方就在眼前，尽可能注意自己的仪态。

【"践"礼小故事】

酒店订餐部接受客人订餐电话实例

王敏是某酒店订餐部的员工，一早就接到了客人的订餐电话。铃响三声，王敏接起了电话：
——"您好，这里是订餐部，请问有什么可以帮您的？"
——"我想订一份今天的早餐。"
——"好的，我们餐厅有英式早餐、美式早餐和中式早餐，请问您想订哪一种？"
——"我要一份英式早餐。"
——"请问鸡蛋您希望怎么做？"
——"鸡蛋要煮5分钟。"
——"请问您希望几点送到？"
——"7点30分。"
——"请问您的房间号是？"
——"1506。"
——"好的，1506房间，今天早晨7点30分，一份英式早餐，鸡蛋煮5分钟，请问您还有其他的要求吗？"
——"没有了，谢谢！"
——"感谢您的来电，今天的早餐会准时送到。"

待客人挂断电话后，王敏也挂断了电话，把客人的订单记录在订餐本上并及时将其落实。

学习情景五 常用交往礼仪篇——以礼相待

【"执"礼任务单】

1. 试述如何规范地使用手机。

2. 情境设计。

（1）接到找同宿舍同学的电话，同学不在，对方有事需转告，请设计一个情境并以小组为单位进行演示。

（2）演示客房人工叫醒服务。

（3）演示餐厅电话订餐服务。

知识链接

微信礼仪

微信是当前人们交流的重要工具，是现在日常生活中最常用的社交软件之一。在运用这种网络社交软件的过程中，我们也需要讲究礼仪，注重自身的素养。

一、加好友的礼仪

在索要对方微信时，无论是线上线下，都要先问一句"方便以后微信联系吗？"不是所有人都喜欢把自己的微信给任何人，毕竟这是私人联系方式，不要只是问"你微信号是什么？"在申请加好友时最好这样做：加好友时请自报家门，用最简单的方式介绍自己。

如果有人向你索要他人的微信，一定先要征求他人的同意后再把微信号发给索要人。

二、聊天中的礼仪

（一）在一对一的聊天中

（1）不要查户口一样什么都问，侵犯别人隐私是不对的。

（2）不要只问在不在。"在吗？"可以问，但前提是无论对方什么时候回复，你都能够秒回，继续话题。不然，等你回复了，估计对方又不在了。所以有事情直接说，不要问对方在不在，这样等对方空下来，会回复你的。

（3）表情包虽然可以有效活跃气氛，但使用时请注意尺度。

不同的表情体现不同气质。默认表情，给人一种低调的、保守的、普通的个人气质；暴走漫画等表情给人一种不修边幅、猥琐、无下限的个人气质，可展现自己与众不同，或者有意自我贬低来达到娱乐效果；阿狸、狼小花等表情包，给人一种可爱的、文艺的、善良的、单纯的、卖萌的个人气质。

（4）如果你有事要离开的话，请告诉对方一声。

（5）对方回复比较迟时，不要谴责对方。

（6）少用或不用"哦""呵呵"回复别人。

（7）不要给别人发自己的自拍，除非你们关系亲密。也尽量不要向他人索要照片。

（8）发语音是发的人省事儿，听的人费事儿。发文字是发的人费事儿，看的人省事儿。如果不是在很紧急的情况下，尽量不要发语音，尤其语音的时间还超过了10秒。

（9）不要在早上9点以前和晚上10点以后给别人发微信，如果真有重要的事非说不可，请尽量在一条微信的篇幅里说完。

（二）在群聊中

（1）群聊时不要刷屏，会影响别人浏览。

（2）不要在群里私聊。

（3）不要在群里谈论别人隐私的话题。

（4）群内通知，应该在自己看到的第一时间回复。

（5）不论任何原因，都不要在微信群、QQ群里和别人吵架，爆粗口。

三、朋友圈礼仪

（1）不要加入转发链，那些恐吓你"如果5分钟内不把这个内容发给50个人你会遭厄运"的内容，一定不要再继续发送。

（2）朋友圈每天发帖数量保持在10条以内，避免刷屏。

（3）不要总是一条消息发过去求赞、求关注、求投票、求分享。

（4）保护好自己。

①发朋友圈之前，先把未回消息处理了。晚上睡觉之前把所有微信信息回复完毕，不要拖延到明天。

②发送之前检查一下自己的话，避免因为输入法产生的误会。

③涉及利害关系的事情能打电话就不发微信，能发语音就不发文字（防止对方截屏传播）。

④避免卷入"硝烟弥漫的战争"。它本质上是群聊或论坛中的一场辩论，由智慧交锋降格为人身攻击。当你发现自己确实置身于"战争"之中时，干脆不予理睬并转入其他话题。

任务七　致意——伸手不打笑脸人

任务背景

致意是用一种非语言方式表示问候的礼节，也是一种常用的礼节。它表示问候、尊敬之意。通常用于相识的人之间在各种场合打招呼。

任务概述

1. 掌握常用致意礼的行礼方法。
2. 在服务与交往的不同场合能够正确选择和使用致意礼节。

【基础技能1——"是"礼学其规】

一、致意的种类

挥手致意

1. 挥手致意

适用于向距离较远的熟人打招呼。一般不必出声，只将右臂伸直，掌心朝向对方，轻轻摆一下即可。

2. 点头致意

适用于不宜交谈的场合，如会议进行中，或与相识者在同一地点多次见面都可以点头为礼。点头致意时，头要微微向下一动，幅度不必太大。

点头致意

3. 欠身致意

多使用于被别人介绍，或是主人向客人奉茶时。全身或身体的上部微微向前一躬，表示对别人的恭敬。在餐厅等场合，若男女双方不十分熟悉，通常男士不必起身走到女士跟前去致意，在自己座位上欠身致意即可。

欠身致意

4. 脱帽致意

朋友、熟人见面若戴着有檐的帽子，则以脱帽致意最为适宜。若是朋友、熟人迎面而过，可以只轻掀一下帽子致意。若戴的是无檐帽，就不必脱帽，只欠身致意，但注意不可以双手插兜。

致意往往同时使用两种或两种以上的方法，如点头与微笑并用，欠身与脱帽并用。

二、致意礼节的先后顺序

在各种场合，男士应先向女士致意、晚辈应先向长辈致意、学生应先向老师致意、下级应先向上级致意。

【基础技能 2——"非"礼勿其行】

不得体的致意礼节如下：

（1）致意动作马虎随意。

（2）致意时毫无表情或精神萎靡不振，给人以敷衍、随意的感觉。

（3）在致意的同时，向对方高声叫喊。

（4）对方向自己致意时毫无反应。

（5）遇到身份较高者，不顾场合立即起身去向对方致意。

【提升技能——"用"礼展形象】

除以上致意方式外，还有一些特殊场合的致意礼节。

1. 起立致意

常用于较正式的场合。首先，一般情况下，领导或者客人到场，为了表示欢迎应该起立致意，甚至鼓掌欢迎。其次，坐着的晚辈见到长辈，下级见到上级都要起立表示致意；最后，有领导或者上级进屋或者离开，其他人都要起立表示敬意。

2. 注目礼

注目礼是一项比较庄严的礼节，大多在严肃、庄重的场合使用。行注目礼时，要面向受礼者，立正站好，挺胸抬头，目视前方，双手自然下垂放在身体两侧，行礼前要求脱帽（军人除外）、摘手套。当注目礼开始时，则注视受礼者，并且用目光迎、送受礼者（右、左转头幅度不超过45度）。

【"明"礼入我心】

孟子曰："君子所以异于人者，以其存心也。君子以仁存心，以礼存心。仁者爱人，有礼者敬人。爱人者，人恒爱之；敬人者，人恒敬之。"致意礼节的核心是尊重。在交往中，若要获得别人的尊重，首先就要学会尊重别人。

【"践"礼小故事】

一位老师带领学生前往某大型集团公司参观，该集团的老板是这位老师的大学同学。老板亲自接待了他们，而且还非常客气。工作人员为每位同学倒水，席间有位女生表示自己只喝红茶。学生们在有空调的大会议室坐着，大多坦然接受服务，没有半分客气。当老板办完事情回来后，不断向学生表示歉意，竟然没有人应声。当工作人员送来笔记本，老板亲自双手递送时，学生们大都伸着手随意接过，没有起身也没有致谢。从头到尾只有一个同学起身双手接过工作人员递过来的茶和老板递来的笔记本时客气地说了声："谢谢，您辛苦了！"

最后，只有这位同学收到了这家公司的录用通知。有同学很疑惑，甚至不服："他的成绩并没有我好，凭什么让他去而不让我去？"老师叹气说："我给你们创造了机会，是你们自己没把握好。"

【"执"礼任务单】

1. 常用的致意礼有哪几种，分别适用于哪些场合？

2. 情境表演。

（1）与同学在校园相遇，使用举手致意。

（2）与同学在同一场合多次见面，使用点头致意。

（3）会议进行中，使用欠身致意。

（4）升旗仪式上，使用注目礼。

学习情景五　常用交往礼仪篇——以礼相待

融入个人魅力　展现礼仪风采

心理学中提到的首因效应是指最初接触到的信息所形成的印象对人们以后的行为活动和评价的影响。见面礼节是我们向他人表示尊重和善意的一种有效方式，是日常社交礼仪中最常用与最基础的礼仪，是形成第一印象的主要因素。一般情况下，一个人的体态、姿势、谈吐、衣着打扮等都在一定程度上反映出这个人的内在素养和其他个性特征。对于服务人员来说，灵活自如的运用见面礼仪，能给客户留下良好的第一印象，为以后顺利开展工作打下基础。

1. 积极向上，尊重自己

像植物具有向光性一样，人们都喜欢阳光向上的人。良好的精神面貌，是对别人的尊重也是一种修养。穿着表现个性，在服装上力求整洁、朴素；微笑能表现一个人的性格，带给交流者温暖的感觉；坏情绪还是少挂在嘴边比较好。家人听了难过，朋友听了担心，对手听了偷笑，更让自己顾影自怜，丧失斗志。

2. 长幼有序，尊重对方

在与人的交往中，个人修养的一个重要体现就是遵从长幼尊卑的秩序，当自身的礼仪交往习惯与客人的习惯有不同的时候，要做到尊重对方的习惯。

3. 积极主动，态度诚恳

见面时礼貌地与人寒暄，问候是敬意的一种表现，态度上一定要注意，如果是主动向她人问候时，要积极、主动。当别人首先问候自己之后，要立即予以回应，做到态度诚恳。

4. 举止端庄，自然得体

在认识一个人的时候，人们往往先从言谈举止入手，端庄的举止，自然的微笑，文雅的谈吐会带给人美的享受。所以，优雅的第一要诀就是自然。以不变应万变。

学习情景六

客源地风俗礼仪篇——践律蹈礼

任务一　亚洲国家风俗礼仪

任务背景

2013年，中国首次位列全球出境旅游人数第一位，并多年坐稳第一把交椅；2017年，中国的入境旅游人数排全世界第四位，再创新高。来中国旅游的人数不断攀升，主要客源地也出现了不同发展趋势。

1979年、1990年、2000年、2017年各大洲来中国旅游外国人数如表6-1-1所示。

表6-1-1　1979年、1990年、2000年、2017年各大洲来中国旅游外国人数

洲别	1979年		1990年		2000年		2017年	
	人次/万	份额/%	人次/万	份额/%	人次/万	份额/%	人次/万	份额/%
亚洲	17.85	49.3	91.52	52.4	622.47	61.3	3 201.8	74.6
欧洲	9.07	25.0	44.63	25.5	236.73	23.3	586.3	13.7
美洲	8.12	22.4	30.35	17.4	121.71	12.0	354.0	8.2
大洋洲	0.89	2.5	6.35	3.6	28.24	2.8	89.1	2.0
非洲	0.31	0.8	1.26	0.7	6.57	0.6	62.8	1.5
其他			0.63	0.4	0.32		0.22	
总计	36.24	100.0	174.74	100.0	1 016.04	100.0	4 294.22	100.0

（资料来源：根据中华人民共和国文化和旅游部历年统计资料编制）

学习情景六 客源地风俗礼仪篇——践律蹈礼

2019年，中国入境外国游客人数中（含相邻国家边民旅华人员），亚洲占75.8%，美洲占7.7%，欧洲占13.2%，大洋洲占1.9%，非洲占1.4%，如图6-1-1所示。

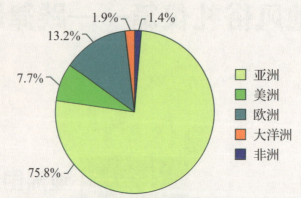

图6-1-1　2019年中国入境外国游客来源地占比

2019年，按入境旅游人数排序，我国主要国际客源市场前几位国家如下：缅甸、越南、韩国、俄罗斯、日本、美国、蒙古、马来西亚、菲律宾、新加坡、印度、泰国等。可以看出，亚洲来华人数占据客源国人数的大部分，是客源市场的基础。因此旅游从业人员有必要了解这些主要代表国家人民的风俗和礼仪，本任务主要介绍韩国、日本、马来西亚和泰国的风俗等。

任务概述

1. 了解韩国、日本、马来西亚和泰国的基本国情、风俗习惯和饮食习俗。
2. 掌握韩国、日本、马来西亚和泰国的礼仪禁忌。

【基础技能1——"是"礼学其规】

一、韩国

（一）国情简介

韩国（图6-1-2）是一个资本主义发达国家。韩国国花是木槿花，韩国人主要信奉的宗教是佛教、基督教新教和天主教。

（二）风俗习惯

1. 见面礼节

韩国素有"礼仪之邦""君子之国"之称，人们见面与分手时行鞠躬礼。男士也行握手礼，但女士一般不与男士握手。在隆重场

图6-1-2　韩国

合接待贵宾应低头行礼。

2. 交往礼节

韩国受儒家思想影响很大,出门上车时,一般都是男士在前,女士在后;尊敬长辈、孝顺父母、尊重老师是全社会的风俗,对师长或者有身份的人,递接物品时要用双手并鞠躬;在长辈面前抽烟需要得到允许,与长辈交谈要摘去墨镜甚至眼镜,交谈时对长辈要使用敬语,长幼之间、上下级之间、同辈之间的用语有严格的区别;在正式场合不应该叉腿坐;女士笑的时候应该掩嘴;对国旗、国歌、国花十分珍视,绝不可不敬。

3. 喜好

喜欢红色和黄色,因为是皇家的颜色,象征着幸福;喜欢数字7,因为象征着幸运。

二、日本

(一)国情简介

日本(图6-1-3),意为"日之本",是"日出之国""太阳升起的地方"之意。日本经济发达,曾经是世界上仅次于美国的第二大经济体,1997—2004年,日本一直是中国第一大客源市场国家。信奉的宗教是神道教、佛教和基督教等。国花是樱花。

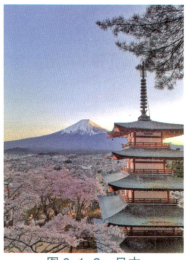

图6-1-3 日本

(二)风俗习惯

1. 见面礼节

日本人的见面礼仪是脱帽鞠躬,很少握手,但如女士或长辈主动伸出手时,男士或晚辈即可迎握,但不要用力握或久握。与人说话不要凝视对方。常用见面礼节语有"您好""对不起""打扰您了""请多关照",等等。习惯准备一些见面礼。

2. 交往礼节

日本人注重等级,如果在公开场合送礼,必须每人一份,但礼品应有档次之分。收到礼物不应该当面打开。他们不轻易流露感情,恼怒和急躁的言行在他们看来是举止粗野,交谈中不要涉及评论日本国内政治和男女平等问题。与日本人合影时不要三人一起(被人夹在中间视为不幸)。

3. 喜好

日本人喜欢红白相间或金银色相间的颜色；他们喜欢樱花、龟、仙鹤图案，也喜欢松、竹、梅图案。

三、马来西亚

（一）国情简介

马来西亚（图6-1-4）在马来语中意为"黄金"。伊斯兰教是马来西亚的国教。国花是扶桑。

（二）风俗习惯

1. 见面礼节

马来西亚人的见面礼节十分独特，互相摩擦一下对方的手心，然后双掌合十，摸一下心窝互致问候。不可对女士先伸手要求握手，不可随便用食指指别人。忌讳摸头（认为是一种侵犯和侮辱行为），除了老师和宗教仪式外，任何人不可随意触摸马来西亚人的背部（意味厄运来临）。与马来西亚人握手、打招呼或馈赠礼物不可用左手。

图6-1-4　马来西亚

2. 交往礼节

马来西亚人在生活中非常注重礼节，全家必须尊敬和服从父母，子女在父母面前需要端坐，如果坐在地上，男子必须盘膝，女子则应屈膝，将双腿伸在一旁斜坐。马来西亚人相互拜访时，衣冠必须整齐，如果穿着拖鞋，必须脱掉放在门口，因为马来西亚人的内厅是供他们祈祷的地方。

四、泰国

（一）国情简介

泰国（图6-1-5）的意思为"自由之国"。国家政体为君主立宪制。国花为金链花。泰国是著名的佛教国家，佛教是泰国的国教，佛教徒占全国人口的90%以上，泰国随处可见身披黄色袈裟的僧侣，以及富丽堂皇的寺院，因此泰国又有"黄袍佛国"的美名。

图6-1-5　泰国

（二）风俗习惯

1. 见面礼节

泰国人见面和分手时，习惯稍低头，行合十礼。合十礼对不同身份的人有不同的要求。小辈或下级行礼，双手合十于前额；平辈相见，双手略举与鼻齐；长辈对晚辈或上级对下级，只要举到胸部高度即可。晚辈或下级要先行礼，受礼者也要还礼。在国际社交场合也行握手礼，但俗人不能与僧人握手，男女之间也不能握手。

2. 交往礼节

与泰国人交谈绝对不能讲对佛祖和国王不敬的话。同时，还要回避政治、王室等话题，不要赞美别人的婴儿（以免引起恶鬼的注意），但可询问个人情况。公开批评别人被视为冒犯行为，私下批评也要讲究艺术。在社交聚会上，不要与已婚妇女谈话太久，以免冒犯其丈夫。

【基础技能2——"非"礼勿其行】

一、韩国礼仪禁忌

（1）忌讳数字"4"（与"死"同音），在社会方方面面都要尽量避免数字"4"。

（2）喜欢单数，不喜欢双数。

（3）与韩国人交谈时，应该回避韩国国内政治、与朝鲜的关系、与日本的关系、男主人妻子等话题。

（4）送礼物一般不用绿色、白色和黑色包装纸。

（5）接收礼物不应该当面打开。

二、日本礼仪禁忌

（1）最忌讳数字"4"（与"死"同音），因此房号层号、宴会桌号、车号、礼品数等应尽量避免用"4"开头或结尾。连四个一组包装的商品也难以销售。

（2）忌讳数字"9"（日语中"9"与"苦"同音）、"6"（是强盗的标记）和"13"（因等于"4"加"9"），或解释为受西方影响，不少人也避开"13"，更忌讳星期五、13日。

（3）在颜色方面，最忌讳绿色（不祥之色）。

（4）不喜欢紫色（悲伤色调）。

（5）遇不幸事送礼，惯用黑色或灰色。

（6）不用梳子做礼品，因为它的发音和"苦死"相同。

(7)在图案方面,忌讳荷花图案(用于祭奠),普通人不得使用菊花图案(皇室专用)。

(8)不喜欢淡黄色或白色的花卉和花卉图案。

(9)讨厌狐、獾、金眼猫或银眼猫图案。

三、马来西亚礼仪禁忌

(1)禁酒。

(2)禁赌。

(3)禁食猪肉。

(4)忌用手触摸头部和背部(除阿訇外)。

四、泰国礼仪禁忌

(1)和尚绝对不能与女性有任何身体接触,女性在任何情况下都不能触摸和尚。

(2)除和尚外,任何人不能触摸别人头部。

(3)忌讳左手服务或用左手吃东西。

(4)长辈在座,晚辈必须处于长辈头部的下面。

(5)切忌拍打对方肩膀。

(6)切忌拿东西从别人头上掠过。

(7)切忌用手指人(可用下巴指人)。

(8)进门不能踩门槛。

(9)泰国家庭一般席地而坐,以脚底对着人是不礼貌的。

(10)不能用脚踢门、用脚给别人指东西。

【提升技能——"用"礼展形象】

一、韩国饮食文化

韩国人传统饮食以米饭和面食为主食,以肉类和蔬菜为副食。泡菜文化是他们的特色,一日三餐都离不开泡菜。韩国传统饮食有烤肉、泡菜和冷面,口味偏好是辣、香和蒜味。韩国人最喜欢中国川菜,一般不爱吃羊肉和鸭肉,厌恶香菜,厌油腻。熟菜中不喜欢放醋,也不爱吃放花椒的菜肴;韩国人喜欢相互斟酒、喝交杯酒。吃饭时,年轻人要先向长辈敬酒。饭后喜欢唱歌,别人邀请唱歌时不应拒绝。

二、日本饮食文化

日本人以米饭为主食，以鱼或者其他海鲜以及酱汤为副食。日本人口味清淡，除了油炸之外，使用的食用油比较少，一般都是低热量、低脂肪，传统饭菜有生鱼片、寿司、天妇罗（Tempura，即油炸虾、鱼、蔬菜等）；他们的口味偏爱甜、酸和微辣，喜欢中国的粤、京、沪、闽、淮扬菜和不太辣的川菜，对茅台和绍兴黄酒很感兴趣；忌讳用餐时整理头发。

三、马来西亚饮食文化

马来西亚饮食以米饭、椰浆、咖啡为主，风味饮食以沙嗲最为出名。马来西亚人多为穆斯林，不食猪肉、死肉、动物类血液和贝壳类食品，禁烟、酒。喜欢喝咖啡、红茶等饮料，也爱嚼槟榔。喜爱吃有辣味的菜及咖喱牛肉。马来西亚人待客热情，对于主人的热情款待，客人多少必须吃一点，否则主人会认为这是对他的不尊敬。

四、泰国饮食文化

泰国人最喜欢的食物是咖喱饭。他们不喝热茶，忌食牛肉、海参，不喜欢酱油，不爱吃红烧菜肴、甜味菜、香蕉等。他们偏爱辛辣味，喜欢中国的粤、沪、京、川菜。

【"明"礼入我心】

礼仪制度都曾是前近代亚洲文明对话的基础和媒介，就亚洲内部的文明对话而言，礼仪制度是非常重要的一环，甚至可以算是对话的基础，在东亚尤其如此。贞观四年（公元630年），唐太宗被四夷君长尊为"天可汗"，标志着唐朝成为雄居东亚，覆盖农耕和游牧两种文明世界的"天下共主"。直至西方列强侵入之前，整个东亚维持着一个以中华文明体系为主导的共同体，可见，文化认同的力量是多么强大。党的二十大报告指出："必须坚持胸怀天下；以海纳百川的宽阔胸襟借鉴吸收人类一切优秀文明成果，推动建设更加美好的世界。"历史告诉我们，只有宽广的胸襟包涵不同国家和地区的文化，做到对自身文化的高度自信，才能实现扩大影响、强大国家的目的，为推动人类进步做出贡献。

【"践"礼小故事】

根据宗教信仰进行有针对性的礼仪接待也是做好服务工作的一个重要技巧，比如在东南亚各国，就信奉佛教、伊斯兰教等教派，在服务中也是有一些规律可循的。

学习情景六 客源地风俗礼仪篇——践律蹈礼

例如在缅甸、泰国等东南亚一带，人们非常敬重僧侣。僧侣乘车、坐船时，人们都要起立让位。家家户户都要奉斋，并在黎明时准备好饭菜，等待僧侣的光临。男子一生至少要剃度一次，当过和尚才算成人，连王储也不例外。僧侣和虔诚的佛教徒一般是素食者。另外，他们非常注重自己的头部，忌讳别人提着物品从头上掠过。

穆斯林都视未放血的动物为禁品，禁食猪肉、狗肉、猫肉，一般也禁食鱼肉、马肉、驴肉。多数的阿拉伯人不喜欢吃海参、螃蟹等食物。因此接待来访穆斯林客人一定要安排清真席，特别要注意冷盘中不要出现猪肉和他们不吃的其他一些食物。《古兰经》规定，穆斯林在正式场合严禁饮用含酒精的一切饮料。在伊斯兰国家要注意，不要双手接物品，要用右手接物品。给穆斯林客人递物品时，千万注意不要用左手。穆斯林一般都认为左手是脏的，因此忌讳用左手给人传递物品，特别是食物。

【"执"礼任务单】

1. 你还知道亚洲国家的哪些交往礼仪和民俗呢？请用你自己的话说一说。
2. 试着归纳总结本任务所学习的亚洲主要国家的交往礼仪和禁忌。

任务二 欧美国家风俗礼仪

任务背景

近代旅游业的发展起源于英国，20世纪60年代，世界经济基本上以欧洲和美国为重心，在入境旅游市场中，美国、法国、英国等国家都排在旅游收入的前列，而这些国家也是我国的主要客源国。"一带一路"贯穿亚欧非大陆，一边是活跃的东亚经济圈，另一边是发达的欧洲经济圈，中间经东南亚、南亚、中亚和西亚到达北非、中东欧，共涉及65个国家、32亿人口，涵盖了低收入国家和高收入国家、发展中国家和发达国家，经济发展潜力巨大、客源市场广大。本任务主要介绍我国主要的欧美客源国的风俗和礼仪。

任务概述

1. 了解美国、俄罗斯、英国和法国等主要欧美客源国的基本国情、风俗习惯和饮食习俗。
2. 掌握美国、俄罗斯、英国和法国的礼仪禁忌。

任务二 欧美国家风俗礼仪

【基础技能1——"是"礼学其规】

一、美国

（一）国情简介

美国（图6-2-1）全称为美利坚合众国，是世界第一大经济体，世界上最大的旅游客源国。它是一个移民国家，科学技术和国民经济一直位于世界领先水平。美国人主要信奉基督教新教、天主教。国花是玫瑰。

图6-2-1 美国

（二）风俗习惯

1. 见面礼节

美国通行西方礼仪，美国人见面与分手时行握手礼。不论男士、女士都应主动向对方伸手。握手时眼睛正视对方，否则会被认为失礼。熟人之间可行亲吻礼。称呼别人时，常直呼其名，盛行女士优先原则。

2. 交往礼节

美国人交谈时喜欢保持一定距离，一般喜欢在家里宴请客人，客人一般不提前到达。美国人约会和做客都需要提前安排；平时穿着随便，但不可露出衬裤、衬裙，女士穿短裤、短裙时不能穿高跟鞋。正式社交场合必须按请柬要求着装。业务交往讲究守时，但社交活动往往迟到。在美国，人们一般不谈论别人的隐私。社交场合忌问女士的年龄，也不能打听男士收入等。与美国人交谈，忌过分谦虚和客套（视为虚伪），忌距离太近，忌打听个人私事，忌称呼长者加"老"字（为负面价值），忌说别人"白""胖"（美国流行"富瘦黑，穷白胖"的价值观）。

3. 喜好

美国人性格浪漫、为人坦率、诚挚、不喜客套。自信、进取心强、喜欢猎奇；肢体语言十分丰富，偏爱白色（象征纯洁）、黄色（象征和谐）、蓝色（象征吉祥）等鲜亮色彩。偏爱白色秃鹰图案（国鸟）和白猫图案（象征逢凶化吉）。送礼讲究单数。

二、俄罗斯

（一）国情简介

俄罗斯（图6-2-2）全称是俄罗斯联邦，是世界上国土面积最大的国家。主要的宗教是东正教，其次为伊斯兰教。俄罗斯共有190多个民族。国花是向日葵。

（二）风俗习惯

1. 见面礼节

俄罗斯人的见面礼是拥抱、亲吻或握手。在比较隆重的场合，男士弯腰吻女士的左手背，以表示尊重。长辈亲吻晚辈的面颊三次，通常从左到右，然后再到左，以表示疼爱。晚辈对长辈表示尊重时，一般亲吻两三次，有时也吻一下额头；晚辈则吻长辈两次。女士之间友好相遇时拥抱亲吻，而男士之间只是相互拥抱；亲兄弟姐妹久别重逢或分别时拥抱亲吻。下级、晚辈、男士在遇到上级、年长女士时，要等对方先伸出手时方可握手。

图 6-2-2 俄罗斯

2. 交往礼节

俄罗斯人十分尊重女士，在各方面体现了女士优先原则。遇见熟人不可伸左手握手问好，人们十分注重仪表，即使天热也不轻易脱下外衣。习惯守时，约会切忌迟到。与俄罗斯人交谈时，不宜打听个人私事，应回避国内政治、经济、民族、宗教、独联体国家之间的关系等话题。

3. 喜好

视"7"为吉祥数字，意味着幸福和成功。喜欢马的图案，认为能驱邪，会给人带来好运气，尤其相信马掌是吉祥的代表，认为它能代表威力，具有降妖的魔力。

三、英国

（一）国情简介

英国（图6-2-3）是世界上第一个完成工业革命的国家，不是欧盟成员国，古称为"日不落帝国"。主要宗教为基督教新教，其次为天主教等。英国的国花是玫瑰。

图 6-2-3 英国

（二）风俗习惯

1. 见面礼节

英国人见面相互握手问安，但男士之间切忌拥抱。

2. 交往礼节

英国人比较内向、寡言，与人交往初期比较矜持，交谈距离通常超过 50 厘米。与英国人见面常以谈论天气代替通常的问候。交谈时，双方距离不要太近。忌讳谈及家庭状况、职业、收入、年龄、宗教信仰等个人隐私，要回避北爱尔兰问题、君主制、王室等政治色彩较浓的话题；在众人面前，忌讳相互耳语，应尊重女士，因为女士优先是其绅士风度的体现；他们十分注重穿着，尤其是在重大场合，都需要穿西装打领带，坐着说话时忌把两腿分得过开或者翘二郎腿。站着说话时不要手插进口袋。

3. 喜好

英国人喜欢足球，有很深的现代足球文化。他们崇尚艺术，尤其热爱音乐。

四、法国

（一）国情简介

法国（图6-2-4）的全称是法兰西共和国，是世界排名第一的旅游接待国，为欧洲第三大国。法国人多信奉天主教。法国的国花是鸢尾。

（二）风俗习惯

1. 见面礼节

法国人的见面礼节主要有握手礼、拥抱礼、贴面礼和吻手礼，法国是世界上最早公开行使亲吻礼的国家，也是行使亲吻礼最多的国家；法国人的姓很多，据统计约 25 万个，但名有限，故重名现象严重。称呼法国人时，一般称姓不称名；但朋友间叫名不叫姓。女士未婚时一般用父姓，出嫁后用夫姓，改嫁后要易姓。

图 6-2-4　法国

2. 交往礼节

许多西方礼仪源于法国，因而欧美诸国礼仪禁忌类似。法国人尊重女士，故以"殷勤的法国人"著称。社交场合处处体现"女士优先"原则。法国人讲文明、重礼貌,"请""对不起""谢谢"等随时挂在嘴上。另外,他们还尊重个人隐私。不预约就贸然到别人家拜访是不礼貌的行为。

3. 喜好

法国人偏爱蓝色(象征宁静、忠诚)、粉红色(表积极向上)等颜色。法国人很时尚,他们的时装引领世界潮流,故法国又被称为时尚之都、浪漫之都。

【基础技能2——"非"礼勿其行】

一、美国礼仪禁忌

(1)美国人忌讳数字"13",不喜欢星期五,尤视"13日星期五"为不祥的日子。

(2)忌讳黑色(象征死亡),不喜欢红色。

(3)忌讳蝙蝠图案(象征吸血鬼)、黑猫图案(象征不吉)。

(4)打破镜子预兆大病、死亡。

(5)忌讳蹲着或敞开腿。

(6)忌讳在别人面前吐舌头。

(7)在街上走路时忌啪啪作响(视为骂娘)。

(8)不可单用食指指人,表示挑衅或者不礼貌的行为。

二、俄罗斯礼仪禁忌

(1)俄罗斯人忌讳数字"13",认为它是凶险和死亡的象征,不喜欢星期五,尤其把"13日星期五"视为不祥的日子。

(2)忌讳黑色(象征死亡),喜爱红色。

(3)认为镜子是神圣的物品,打碎镜子意味着灵魂的毁灭,预兆疾病或灾难降临。

(4)打翻盐瓶预兆家庭不和,但打碎盘碟被视为幸福、富贵。

(5)送花忌送菊花、杜鹃花、石竹花和黄色的花,枝数和花朵数不能是"13"或双数。

(6)切忌用左手递物品、进食、握手,学生在考场不要用左手抽考签(有"左主凶、右主吉"的传统观念)。

(7)俄罗斯人用餐时多用刀叉,忌讳发出声响,不能直接用汤匙饮茶,或让其立在杯中。

三、英国礼仪禁忌

（1）英国人忌讳数字"13"，不喜欢星期五，尤视"13日星期五"为不祥的日子。

（2）厌恶墨绿色（纳粹军服色），忌讳黑色（丧服颜色），也不喜欢红色。

（3）忌用山羊图案（视为讨厌动物）、大象图案（象征愚蠢）、孔雀图案（视为淫鸟、祸鸟）、黑猫图案（视为不祥之兆）、菊花图案（丧花）、百合花图案（象征死亡）、蝙蝠图案（象征吸血鬼）。

（4）送花时，忌送百合花、菊花和红玫瑰（象征爱情）；枝数和花朵数不能是"13"或双数，鲜花不用纸包装。

四、法国礼仪禁忌

（1）法国人忌讳数字"13"，不喜欢星期五，尤视"13日星期五"为不祥的日子。

（2）厌恶墨绿色（纳粹军服色），忌讳黑色（用于丧礼）。

（3）忌用孔雀图案（视为淫鸟）、仙鹤图案（象征蠢汉与淫妇）、蝙蝠图案（象征吸血鬼），也不喜欢黑桃图案（视为不吉利）。

（4）忌送菊花、杜鹃花、蔷薇花（表示爱情）、红玫瑰（表示爱情）、黄色的花（表示不忠诚）和菊花（葬礼上使用的花）、水仙花（表示冷酷无情）、金盏花（表示悲伤）；枝数和花朵数不能是"13"或双数，鲜花不用纸包装。

（5）接受礼物需要当面打开，否则会被视为无礼。

【提升技能——"用"礼展形象】

一、美国饮食文化

美国是快餐文化的代名词，汉堡、热狗、三明治等成为人们最常吃的快餐。美国人经常吃肉、鱼和蔬菜，饮食比较随便，但注重营养搭配。喜欢"生""冷""淡"，"生"是爱吃生菜；美国人喜清淡、咸中微带甜的食物。忌食动物的内脏，不吃蒜，不吃太辣的食物，不吃肥肉，不喜欢清蒸和红烧的菜肴，不喜欢蛇等非正常食物。美国人喜爱中国的粤菜、川菜、淮扬菜。

二、俄罗斯饮食文化

俄罗斯人口味偏重，喜欢咸、甜、酸、辣、油大的食物。讲究烹调，菜肴丰富多彩。俄罗斯人以面包、牛奶、土豆、牛肉、猪肉、鱼和蔬菜为主要食物，他们的酒量通常很大。款待客人时，主人为向客人表示最高的敬意和最热烈的欢迎，会捧出面包和盐来，这些一般用于隆重接待礼仪。"祝您胃口好！"是俄罗斯人用餐时最常用的一句客套话。他们喜欢中国的川菜、京菜、湘菜、粤菜等。

三、英国饮食文化

英国人口味偏重清淡、鲜嫩、焦香，喜爱酸甜微辣的味道，不愿吃带黏汁的或太辣的菜肴，不喜欢用味精调味，也不吃狗肉。他们主要以牛羊肉、土豆、炸鱼为主要食物。薯条和三明治就是英国人发明的，也是现代快餐的标志。英国人的饮食习惯是一日三餐加下午茶，他们讲究喝茶，尤其喜欢享受下午茶，比如喜欢喝中国的祁门红茶。英国人喜爱中国的京菜、川菜、粤菜。

四、法国饮食文化

法国美食有着悠久的历史和传统，其特点是香浓味厚、鲜嫩味美，讲究色、香、味，但更注重营养的搭配。法国人的口味偏酸甜，讲究菜肴的鲜嫩和质量。不爱吃无鳞鱼，不爱吃太辣的菜肴。他们对中餐比较熟悉，喜爱中国的鲁菜、粤菜、淮扬菜，对自助餐和鸡尾酒则不以为然。

【"明"礼入我心】

不可否认，当今国际、通用的礼仪基本上都是西方礼仪。这种现象的存在并不仅是因为西方国家的实力强大，深层的原因在于西方人价值观的统一，也在于西方人对自身文化的高度认同和深刻觉悟。这一切与基督教的社会基础密切相关，因为礼仪是宗教的重要活动方式，由于对宗教的虔诚信仰，西方人从小就接受这种礼仪的教育与熏陶，使礼仪能够自然地表现在人的行为之中。借鉴西方礼仪时，不但要借鉴其形式，更要借鉴其灵魂。既不能刻舟求剑、封闭僵化，也不能照抄照搬、食洋不化。民族复兴不仅是实力的复兴，更是一种文化的复兴。只有别人也认同我们的文化，我们的礼仪才能真正的通行于世界。

【"践"礼小故事】

中西方礼仪差异还是非常大的，下面列举一些常见的不同之处：

一、中西方的见面称呼差异

关于称谓方面，在中国，一般只有彼此熟悉亲密的人之间才可以"直呼其名"，但在西方，"直呼其名"比在汉语里的范围要广得多。在西方，常用"先生"和"女士"来称呼不知其名的陌生人；在家庭成员之间,不分长幼尊卑,一般可互称姓名或昵称。在家里,孩子可以直接叫爸爸、妈妈的名字。对所有的男性长辈都可以称"叔叔",对所有的女性长辈都可以称"阿姨"。这在中国是不行的,必须要分清楚辈分、长幼等关系;否则就会被认为不懂礼貌。

二、中西方的用餐礼节差异

在餐饮气氛方面,中国人在吃饭的时候都喜欢热闹,很多人围在一起,营造一种热闹温暖的用餐气氛。西方人在用餐时,较喜欢幽雅、安静的环境。他们认为,在餐桌上的时候一定要注意自己的礼仪,不可以失礼,比如在进餐时不能发出怪异的声音等。

【"执"礼任务单】

1. 你还知道哪些欧美国家的交往礼仪和民俗呢?请用你自己的话说一说。
2. 试着归纳总结本任务中所介绍的欧美主要国家的交往礼仪和禁忌。

学习情景六　客源地风俗礼仪篇——践律蹈礼

融入个人魅力　展现礼仪风采

　　接待不同国家的旅游者或者作为旅游者到不同的国家或者地区旅游，都应该尊重当地的风俗习惯和礼仪习俗，特别是各个国家和地区的禁忌一定要铭记在心，作为旅游服务类专业的同学在对客服务过程中一定不能做出有悖于他国或者地区风俗习惯的行为。

　　在接待国外旅游者时，应该用自身得体的服装、礼貌的语言、优雅的行为、专业的服务来使得来访人员产生舒适的交往感受，从而产生对中国文化的认同感，提升体验感受。体验是旅游活动的本质，任何旅游活动都可以归结到游客从旅游过程中获得的主观经历、感受与回忆。旅游活动是一种寻找文化差异的体验过程，文化的差异性和多样性是旅游吸引力的重要构成，在旅游体验的初级阶段旅游者寻求和体验的主要是多元文化和文化之间的差异。文化差异体验的背后深层次实际上是对文化的认同体验，文化认同体验是旅游体验的高级阶段。而作为旅游接待人员，我们尊重他国旅游风俗，了解其他国家或民族的喜好和禁忌，就是希望在接待过程中让游客产生良好的旅游体验，从而感受不同的文化差异，从而形成文化认同。

　　所以作为中职生，我们更应该了解掌握常接待国家或者地区不同的礼仪风俗、喜好禁忌、饮食习惯、宗教信仰等，这样我们才可以有的放矢，有针对性的进行对客服务，提升游客旅游感受，同时也宣传了我国和民族优秀传统文化，成为优秀的旅游宣传大使。

职礼篇

学习情景七

旅行社接待服务礼仪篇——博文约礼

任务一　门市接待礼仪——迎来送往都是客

任务背景

小文是欢乐畅游旅行社门市部的一位新员工，今天早上起晚了，她匆匆来到门市部。昨天在门市部做青海旅游项目推广的场地还没有整理干净，小文忙着去整理，没有来得及换上工装。正在这时，一位男士走进门市部，询问是不是有集齐88个赞就能打八八折游大青海的优惠，小文回答得支支吾吾，说不清楚，跟客人说要和经理确认一下；客人眉头一皱，继续问有没有青海旅游团的宣传单，想了解一下，小文让客人站着稍等连忙找寻，才发现因为是新项目还没有来得及印宣传单，她回复客人说一会儿经理来了确认一下有没有其他宣传册；客人又询问这个活动的起止时间，小文还是一脸茫然不能确定，客人一看接待人员一问三不知，摇了摇头走出了旅行社门市部。

　　作为旅行社门市接待人员，小文给客人留下良好的印象了吗？她的不足之处有哪些？

　　该男士为什么最后离开了门市部而没有参加青海旅行团？如果你是小文应该怎样做？

任务概述

1. 了解旅行社门市服务人员的必备素质和工作要求。
2. 掌握旅行社门市服务人员对客服务的礼仪要求并尝试完成旅游产品的销售工作。

任务一　门市接待礼仪——迎来送往都是客

【基础技能 1——"是"礼学其规】

一、旅行社门市服务人员接待礼仪的必备素质和要求

（一）接待前准备

1. 环境准备

（1）提前到岗，心中不慌。

作为门市服务人员应该提前 10~20 分钟到达工作岗位，胸有成竹地开始一天的接待工作。

（2）做好卫生，干净迎客。

提前打扫好接待室卫生，尤其是桌面和地面；一般门市的门面都安装了大块玻璃，一定要做到窗明几净，提升门市硬环境。

（3）摆放物品，方便办公。

桌上和抽屉里的物品摆放方便办公，办公用具、打印机、计算机、POS 机等摆放有序，提高办公效率。

（4）宣传单册，醒目有序。

旅行社宣传单、小册子应该摆放有序，并且放置于醒目位置，方便客人取阅，公司经典路线、新开发的旅游产品以及最近打折促销的海报应该放在一进门的位置，吸引客人前来咨询。

2. 仪表准备

（1）头不油腻，长发扎起。

旅行社门市服务人员注意保持自身卫生，女士如果是长发应该扎起或者盘起，注意指甲不存污垢，男士注意头发不油腻，整个人清爽、大方，精神面貌积极向上。

（2）女士淡妆，男士得体。

女士上岗前应化淡妆，不涂抹厚重浓艳化妆品，男士不留胡须，不蓄长发，干净卫生。

3. 着装准备

（1）身着制服，干净得体。

上岗前应该穿正式制服（图 7-1-1），体现专业性，一般为白衬衣、西装外套和西装裤子（裙子），也有的上身着带领子的 POLO 衫，下身着运动裤，体现活力。

图 7-1-1　身着制服

（2）胸前工牌，亮明身份。

胸前应该佩戴工牌，上面有职位和名字，方便咨询客人进行初步了解，体现规范性和专业性。

（二）接待要领

1. 起身招呼

看到客人进入门市，旅行社门市服务人员应立即起身，注视客人面带微笑，并打招呼说"早上好／中午好／下午好，欢迎光临，请问有什么可以帮助您的吗？"

请注意：注视客人应该看两眼之间的连线和额中组成的三角区域，目光真诚而亲切，并且注视时间不宜过长，2~3秒即可，然后可以慢慢移开视线。

2. 指引就坐

在客人左前方进行指引（图7-1-2），与客人保持0.5米的距离，伸左手或者右手，五指并拢指向就坐位置；如果接待时不方便上前引领，便伸单手，五指并拢指向就坐位置，等客人坐下后方可就坐。

3. 介绍待客

等客人坐定后，旅行社门市服务人员可以做简单的自我介绍："您好，我是×××旅行社门市接待人员××，很高兴为您服务。"有些门市会为前来咨询的客人准备好茶水，需要旅行社门市服务人员双手一手拿杯子中部，另一只手托住杯子底部递给客人。

图7-1-2　指引就坐

4. 认真聆听

旅行社门市服务人员认真倾听客人到访的原因，交谈时要注意倾听、谨慎插话、礼貌进退、记录要点，明白客人的需求后应用专业的解答和见解对对方多加引导，使双方意见达到统一。

（三）送客礼仪

1. 起身送客

接待结束后，应站直身体送客，如果需要握手，时间不宜过长，最好不超过5秒。

2. 落实约定

复述谈话要点，约定好下一次见面的地点和时间。

3. 挥手示意

服务人员对客人说"谢谢您的光临,期待您下次再来",眼睛看着客人并挥手告别。

二、旅行社门市服务人员销售礼仪必备素质和要求

门市具体业务

1. 旅游咨询

旅行社门市服务人员要具备专业知识,能够提供旅游业务、产品方面的咨询服务,并且具有较强的口头表达能力和接待能力,能够较为快速和准确地判断客人意向,有的放矢地介绍旅游产品。

2. 旅游宣传

旅行社门市服务人员应该了解旅行社主推的经典线路产品或最新宣传的产品,做好企业产品的宣传和推介。

3. 接待服务

旅行社门市服务人员应做好迎来送往的接待服务,为客人提供满意的五星级贴心服务。

三、门市对客服务礼仪要求

(一)门市对客服务程序

进门问候—接触交谈—出示旅游产品—说明旅游产品—参谋推荐—促进信任—签订合同—收取费用—收尾工作。

(二)门市对客销售服务要求

推荐旅游产品时应该利用已有信息,向客人展开全方位的推荐,推荐内容不应单一,应该多元化,推荐时语气、语速、语调适中,口齿清晰,内容突出明确,专业术语通俗化,尽可能回答客人提出的一系列问题。

当客人决定回去后再思考时,表示客人有要离开之意,因此旅行社门市服务人员就不应继续过分推荐,否则会让客人觉得有强买强卖之意,故应适时停止。

当客人起身离开时,应热情相送,不应因客人没有选择相应产品而面露不悦之色,一般应送客人至门市门口处。

四、旅行社门市服务人员电话礼仪

（一）在门市接听电话礼仪

1. 响铃时间

铃响不超过三声必须接听；如果超过三声以上，则说："抱歉，让您久等了。"

2. 通话内容

"您好！这里是×××旅行社，我是×××。请问有什么可以帮您的？"根据客人谈话内容做好记录，结束通话时应该重复要点。

3. 代接电话

当客人找其他工作人员，但其恰好在忙或者不在时，应该这样回复："您好，王总不在。请问有什么事，需要我帮您留言给他吗？"

4. 有其他接待工作时

暗示对方自己不方便深入交谈。跟对方约定其他方便时间再打过去。

（二）在门市拨打电话礼仪

1. 时间选择

休息时间不要打电话、就餐时间不要打电话、法定节假日不要打电话。如果有要紧事情沟通需要打电话时，电话接通后先表示歉意。

2. 场合选择

了解客人的状态和所处环境，对方如果在公众场所则不适合通话，如会场、电影院、餐厅，别人交谈时不适合大声通话。

3. 通话时间

通话时间遵循三分钟原则，尽量用简短的语言将需要说明的事情点出。如需要详细沟通，应约定客人见面时再谈。

4. 通话内容

先问候，然后进行自我介绍，再说明来电的缘由，简明扼要地说明情况，结束通话时重复一次要点。

【基础技能2——"非"礼勿其行】

一、门市接待仪容中的失礼行为

1. 眼神飘忽，表情冷漠

不回避正常的目光交流，也不盯视客人，以免造成对方的不适与难堪；忌用冷漠、轻视甚至狡黠的眼神与客人交流，如不可白眼或斜眼看客人、不可上下打量客人等；要面带微笑，不要冷漠待客。

2. 短衣短袖，袒露过多

穿衣服过于暴露，挽起裤脚，穿拖鞋或者人字拖上岗都是不得体的。

二、门市接待交谈中的失礼行为

（1）说话含糊不清楚，词不达意。
（2）知识储备不足，表现不专业。
（3）缺乏主见、被客人牵着鼻子走。

【提升技能——"用"礼展形象】

一、门市接待销售语言礼仪技巧

（1）眼神果断有力，给人以信任。
（2）多用肯定语句，展现其专业。
（3）运用销售技巧，引导其成交。

二、AIDA 模式

AIDA 模式也称"爱达"公式，是国际推销专家海英兹·姆·戈得曼总结出的营销模式，是西方推销学中一个重要的公式，它的具体含义是一个成功的推销人员必须把客人的注意力吸引或转变到产品上，使客人对推销人员所推销的产品产生兴趣，这样客人的欲望也就随之产生，然后再促使采取购买行为，达成交易。

AIDA 是以下四个英文单词的首字母：

A 为 Attention，即引起注意，此处是指要引起客人的关注。

学习情景七　旅行社接待服务礼仪篇——博文约礼

I 为 Interest，即诱发兴趣，接待人员应该通过真诚而专业的语言介绍旅游产品，使其产生继续了解的兴趣。

D 为 Desire，即刺激欲望，当兴趣被完全激发出来，就会使人产生购买的欲望，有研究表明，人购买的欲望往往是短期就可以成行，旅行社门市服务人员要特别把握好这一点，促成交易。

最后一个字母 A 为 Action，即促成购买，当客人被购买欲望所驱使的时候就很容易有购买行为了。

【"明"礼入我心】

随着社会和网络的发展，线上旅游零售商异军突起，携程、同城、途牛、驴妈妈等各式各样的网络旅游运营商应运而生，潜在旅游者可以通过形形色色的途径进行旅游咨询，所以门市咨询也对旅行社门市服务人员的知识储备、经验积累、应变能力提出了新的要求，为什么发达简单方便的线上查询不能取代传统的门市咨询，就是因为人的服务具有针对性、灵活性和个性化，人才是服务的提供者，所以要做到接待服务让客人满意，就要明白人的主观能动性潜力巨大而且具有网络和计算机不可替代的特点，作为旅行社门市服务人员，就更应该针对不同的个体提供个性化全方位的服务，只有这样才能立于不败之地。

【"践"礼小故事】

刘先生想去黑龙江漠河旅行，但在旅游旺季非常难订到火车票，于是他来旅行社门市咨询漠河旅行相关事宜，并表示不想跟着旅行团出发，只是需要旅行社帮助购买去漠河的火车票。旅行社门市服务人员小王听了刘先生的诉求以后，直接对他说明去漠河必须跟团，火车票不单卖，建议其跟着旅行团一起出游。当看到刘先生有点犹豫时，小王一下子失去了推销的热情，态度冷漠，看着计算机，说让刘先生再看看其他旅行社吧。刘先生对于这次咨询的感受非常不满意。

旅行社门市服务人员小王有哪些地方做得不对？

如果你是小王，你可以运用哪些销售礼仪技巧让刘先生签单呢？

【"执"礼任务单】

情境模拟练习：一次旅行社门市接待

模拟练习要求：

1. 每小组派 3~4 名同学进行角色扮演。

2. 可以从电话接待、接待准备、门市迎客、产品销售、欢送客人等环节中选取两个或者两个以上进行情境模拟。

3. 突出旅行社门市服务人员的作用，语言动作要规范，展示效果要好。

任务二　导游接待礼仪——面朝八方笑迎客

任务2.1　导游讲解礼仪

任务背景

小徐是正定隆兴寺的实习导游，刚刚步入导游岗位的他显得非常兴奋，讲解时总是滔滔不绝，他觉得如果讲得多游客会觉得这个导游知识渊博，肯定会对他的服务满意，于是他总是在团队最前面讲解，在讲到主殿大悲阁的千手千眼观音时，他食指一指大佛说道："喂，大家请跟着我的手指向前看，这就是正定隆兴寺的镇店之宝了，高21米多……"有些游客听到了，微微皱眉。团中有个游客问道："导游，请问这个大佛具体有多高呢？"小徐一时回答不上来，连忙胡乱说道："也就大约21米半吧。"游客对他这个回答不甚满意，最后通过网上查询，发现这个大佛具体高为21.3米。

你觉得导游小徐在讲解礼仪方面有哪些地方做得不恰当呢？请试着列出并改正。

为了避免这种情况的发生，如果你是小徐，在接待团队前，应该做哪些准备工作呢？

任务概述

1. 学会运用导游讲解原则。
2. 掌握讲解仪态和手势等态势语言。

【基础技能1——"是"礼学其规】

一、导游讲解态势语言运用的要求

态势语言是以人的动作、表情、服饰等来传递的一种无声伴随的语言，主要有表情语和动作语两种类型。态势语言的运用对讲解服务礼仪交往非常重要，起到营造融洽交际气氛的作用。

（一）表情语

表情语（图7-2-1）是指由人的面部表情即脸色变化、肌肉收展以及眼、眉、鼻、嘴等五官运动所传递出的信息。

图7-2-1　表情语

1. 面部表情

（1）真诚且有分寸。

导游的面部表情要真诚，不要虚情假意，并且表情不能夸张，做到有分寸。

（2）鲜明且灵活。

在讲解时，导游的表情应当鲜明，当讲到轻松的话题时，就应该喜笑颜开；讲到悲伤的话题时，就应该眉头紧锁；讲到愤怒的话题时，就应该怒火中烧……这样才能将感情传达给游客。同时，讲解时的表情应该灵活，不是一成不变或者面无表情的，增加游客聆听讲解的兴趣。

2. 目光

（1）导游讲解时要观察所有游客的情况，接收游客状态和情绪的反馈。

讲解时，导游的目光要直视前方，同时用余光兼顾两侧，这样可以有效捕捉游客的情绪和状态，以便根据游客的反应及时调整自己的讲解内容、表达技巧和讲解语速，和游客进行最为有效的沟通。

（2）导游讲解时要和游客进行有效的目光接触。

导游讲解时应该眼睛看着游客，但是也不要盯着一个地方一直看，或者一直盯着游客的眼睛，应该对所有游客或专注或环顾或虚视，对目光的分配应该尽可能地统摄全体游客，通过和所有游客的目光交流做到目光的移动、环视和收束；当与游客的目光交汇时，要有关照和重点的信息传达，同时还要适度有分寸，应看向游客额头中心到两眼连线组成的三角区域，注意时间不宜过长，不然会让游客有不适感甚至厌烦。

3. 微笑

导游的微笑是给游客留下良好印象的前提。在讲解时，导游应该微笑（图7-2-2）讲解，而这个微笑应该是真诚、亲切、礼貌、周到的，既能传达对游客的尊敬之意，创造融洽的交际气氛，又可以化解尴尬气氛。

图7-2-2　微笑

（二）动作语

导游在讲解的时候主要用的动作语是手势。手势主要是指手的位置和手部的各种动作。

1. 手势活动的三个分区

上区：肩部以上。这个区域表示信心、喜悦、赞美、祝贺和希望等，比如运动员获得奖牌后，往往会把双臂高高举过头顶，表达内心的激动和喜悦；游客经过跋山涉水终于问鼎泰山，情不自禁对着旭日东升的太阳振臂高呼，也是属于兴奋和激动的情感表达。

中区：肩部至腹部。这个区域一般表示叙述、说明等内容，以及平和、安定的情感。导游的讲解手势一般就在这个区域活动。

下区：腹部以下。这个区域一般表示不悦、厌弃、憎恶或者保持距离的内容与情感。比如有人聊天时会翘二郎腿，然后把双手交叉抱于膝盖，这个姿势表示保持距离。

2. 讲解手势的三种类型

讲解时，导游使用恰当的手势不但可以使讲解的内容更加准确、生动、形象，而且便于游客捕捉相关信息，进一步了解景区相关内容。导游的讲解手势可以分为以下三种类型：

（1）指示手势。

指示手势（图7-2-3）是用来指示具体对象的手势，一般导游带团时用的是整个手掌平展，五指并拢，手掌微微向里扣，大拇指去找食指第二个指关节，掌心微空形成一定的弧度，指尖不要翘起，讲解时大臂带动小臂，一般在中区活动，手腕用劲伸直，使手背和小臂几乎在同一直线，掌心微向里收，与垂直线大约成30度夹角，大臂与小臂的夹角在45度左右，随着指示物体而活动，不应太小使手臂并在一起；当物体在高

图7-2-3　指示手势

位或者低位时，可以向上或向下伸直手臂。

例如，"大家请跟我来，展现在大家眼前的就是故宫的午门了。最中间的一个门（指向中间）是皇帝进出的门，其他人不能进出，不过皇帝大婚那天，皇后可以从中间的门进入紫禁城；它左右两边的门（指向左右）分别是朝廷官员走的门；最边上的门（再指向两边）是地方官员和百姓走的。"

（2）情感手势。

情感手势是讲解时讲解情感的一系列形象化、具体化的手势。

例如，讲解到革命英烈为国牺牲生命表示悲伤时，可以手拍胸口表示惋惜；当讲到共产党员为国家解放和建设奋不顾身时，可以紧握拳头表示必然成功的肯定；当表示否定意思时，可以连连摆手或者双手伸直，小臂交叉于胸口；当问鼎山峰表达成功与喜悦时，可以张开双臂、双手高举过头顶等。

（3）象形手势。

象形手势（图7-2-4）是用来模拟景点要素形状的手势。

图7-2-4　象形手势

例如，带团游览石林时，导游看到景点"孔雀梳羽"会对游客做出孔雀头型的手势，并说道"游客朋友们，大家看，我们前方有一只爱美的孔雀正在认真梳理自己美丽的羽毛呢！"根据这个象形手势，游客很快就找到了景点的所在地点。又如，到达佛教圣地五台山时，导游为了向游客说明其地理位置，会伸出手，掌心向上，叉开曲起五个指头向游客惟妙惟肖地说道："五台山顾名思义，就是有五座山峰，我这五个手指就代表着'五台'，而手掌心就是代表着一会儿我们要去的台怀镇。"这样一说，游客瞬间就明白了。

二、导游讲解原则运用的要求

朱光潜先生曾说："话说得好就会如实地达意。使听者感到舒服，发生美感，这样的说话就成了艺术。"导游在讲解时最常用到的口头语言，要做到言语文雅、谦虚敬人，多用敬语和礼貌用语,如"您好""请""谢谢""对不起""不客气"等。

除了在礼貌用语上做到尊重游客、有礼有节之外,还需要在语言表达上下功夫。

讲解的四原则是正确、清楚、生动、灵活。

讲解的"八有"原则是言之有物、言之有据、言之有理、言之有情、言之有礼、言之有神、言之有趣、言之有喻。

【基础技能2——"非"礼勿其行】

一、讲解时态势语言运用的失礼行为

讲解时,导游的表情没有或者过于夸张都不能达到对游客提供优质服务的目的,有的导游站的时候会歪脖、挠头、摸鼻子、舔嘴唇、拧领带等,这些都是不可取的。站立时不停抖腿,或者一条腿撇着,双手相抱放于胸前,给客人一种漫不经心的感觉,行走时边讲解边扛着导游旗等,这些都是不合时宜的,失礼行为如图7-2-5和图7-2-6所示。

图7-2-5　失礼行为(一)

图7-2-6　失礼行为(二)

二、讲解时使用的手势运用的失礼行为

手势运用在讲解中至关重要,有的导游讲解时手腕没有力量、随意摆动、五指散开、大拇指翘起等,这些都不可取,讲解宗教建筑和崇拜对象时最忌讳用手指指向讲解物,或者用手指点游客,这样会给人一种极其不尊重之感。有人总结,导游最忌讳"翘着兰花指、扛着导游旗,点着一、二、三"。

三、讲解时语言运用的失礼行为

1. 讲解模糊不清楚

导游讲解时忌讳用模糊词语，如"大约""似乎""好像""可能""也许""大概"等，表述的话不专业、不准确，会让游客觉得模糊不清、模棱两可。

2. 讲解晦涩难听懂

导游讲解时不能大篇幅用书面用语或者生僻词语，如果对此不加解释会引起歧义。

3. 讲解方言口头禅

有些地方导游因为普通话不过关，讲解时很难让游客听明白，还有一些导游讲解时会用"然后呢""所以""原来呢""就是""基本上""反正""结果呢"等语言，还有回字、回词语、回句子的不良习惯，让人觉得啰唆、厌烦，这些都是不对的。

【基础技能2——"非"礼勿其行】

一、导游站立和行走的讲解礼仪

导游的站立和行走可以参考之前常礼篇的内容，下面主要讲授的是导游讲解时的站立和行走礼仪。

1. 站立

导游讲解站立（图7-2-7）时应该优雅端庄、精神饱满，全身肌肉有紧张感，不要一站"三道弯"，对客讲解时应该面对所有游客，不要把导游旗当作拐棍支撑其做讲解，更不要倚靠墙面或者栏杆讲解，这样会给人以懒散之感。

2. 行走

边行走（图7-2-8）边讲解时，导游应当在整个团队的左前方或右前方45度左右的位置，边引领边讲解，身体转向游客，一定不要整个后背对着游客。地面平整时，导游有时候会交替倒着走给游客讲解，同时需要控制好整个团队的行进速度，注意观察游客的反应，行走速度不宜过快。当遇到台阶、门槛或者路面不平的状况时，要及时提醒，带领所有游客平稳行走。

图7-2-7　站立

任务二　导游接待礼仪——面朝八方笑迎客

图 7-2-8　行走

二、导游在大巴车上的讲解礼仪

导游在大巴车上的讲解应当双腿微张以保持身体平衡和稳定，一手扶住栏杆做支撑，一手握住麦克风讲解，当看到著名景观时，要用指示手势引领游客向指定方向看去，注意左右是相对的，不要弄反方向，以游客的方向为尊。

【"明"礼入我心】

导游是一个地区的"形象大使""宣传大使"，是一个地方文化的"代言人"。旅游团的游客也许不会和当地人接触，但是会和导游朝夕相处，所以游客对一个地域的印象，往往加上了对导游的评判。讲解又是导游工作中最重要的一项，俗话说"祖国山河美不美，全凭导游一张嘴"。所以导游要有做好"民间宣传员"的使命感和责任感，有"我就是家乡一面旗帜"的责任感，导游员要时时刻刻以讲好中国故事，传播好中国声音为己任，不但要在知识积累上、语言表达上下功夫，更重要的是要有优雅得体、树立标杆的讲解仪态，只有这样才能让游客听后有如沐春风、畅快淋漓之感，展现可信、可爱、可敬的地区形象。

【"践"礼小故事】

"俗话说'花若解语还多事，石不能言最可人'，游览石林时，您一定要发挥想象力哦！各位请抬头看，在两峰之间夹着一摇摇欲坠的巨石，这里是不是让您想到了一个成语'千钧一发'？请大家轻点，屏住呼吸，千万不可发笑；否则，我们会惊动头顶的这块巨石哦！峰回路转，过了石洞，请大家转过身。看，四个苍劲有力的大字'无欲则刚'。这四个字出自林则徐的堂联'海纳百川，有容乃大；壁立千仞，无欲则刚'。刻在这里，借景寓意，对待生活，我们要把那些繁杂的欲望都抛到脑后，要懂得知足惜福才好。"

同学们，你可以用本节课所学的礼仪知识讲解好这段导游词吗？请你试一试。

学习情景七 旅行社接待服务礼仪篇——博文约礼

【"执"礼任务单】

1. 请你试着归纳导游在讲解时应该注意的表情语。你认为怎么做才是最恰当的？
2. 请小组成员之间互相练习正确的导游讲解手势。
3. 运用所学知识讲解一段你熟悉的景点，尽可能用到多的态势语言。

任务2.2 导游带团服务礼仪

任务背景

导游小刘带领广西的游客来到内蒙古呼伦贝尔旅游，团队的游客不禁被茫茫大草原所震撼，因为想穿着舒服惬意，小刘穿着凉拖就上团了；到了中午用餐时，为了加深游客对内蒙古的认识，小刘特意在中午安排了全牛宴，本来想着让游客对草原文化的感受锦上添花，没想到团里有几个游客看到中午要吃的饭菜却犯了难，因为他们都是苗族人，是不能吃牛肉的。小刘知道后傻眼了，后来只能自己付款为这几位游客单点了别的饭菜。

任务概述

1. 了解导游带团的基本素质要求。
2. 掌握带团时的礼貌礼节。

【基础技能1——"是"礼学其规】

一、导游带团的必备素质和要求

导游留给游客"第一印象"的好坏是其带团能否成功的关键所在，俗话说"好的开始是成功的一半"，良好的"第一印象"会让导游的带团工作事半功倍。根据心理学中的"首因效应"，第一印象的好与坏，在短期相处时，往往会成为评价一个人的依据，而初次见面的印象打造就需要导游在上团前做好相应的准备，通过长久的习惯养成，塑造良好的仪容和优雅的仪表。

（一）保持良好的仪容仪表

1. 得体仪容

在上团之前，导游需要从头到脚检查自己的仪容，如图7-2-9和图7-2-10所示。

图 7-2-9　得体仪容（一）

图 7-2-10　得体仪容（二）

2. 职业仪表

一般在室外带团要穿舒适、得体的运动鞋和休闲鞋；如果是在室内讲解景点，一般穿皮鞋并保持其清洁，无破损，表面保持光亮，禁止穿着时装鞋或拖鞋。

上班时统一着工装，衣着得体整洁，端正佩戴导游标识（导游证）。衣袖、裤管不得卷起（实际操作需要时除外），衬衣下摆扎进裤内。男士腰带通常为黑色，不在外腰带上戴钥匙链，女士套裙不宜过短，一般在膝盖上下处；室外带团时衣服力求整洁大方、利于活动，不穿过于单薄、裸露、贴身的衣服，也不要穿颜色过于艳丽的衣服，要和自己的职业、年龄、身份、气质相匹配。职业仪表如图 7-2-11 所示。

另外，一般来说导游带团工作量大，衣服要常换常洗，领口、袖口都要保持干净，袜子不要有异味，不要佩戴其他饰品，保持整洁干练的形象。

（二）塑造优雅的仪态

仪态是指人的姿态，即人们日常行为中的姿势和风度。若景点导游具有良好的站、坐、走姿态，则容易赢得游客的信任与尊重。

图 7-2-11　职业仪表

 【基础技能 2——"非"礼勿其行】

一、不得体的仪表

（1）浓妆艳抹，香水浓烈。

（2）面容邋遢，头发油腻。

（3）衣着突出，炫耀显摆。

（4）吊带上身，拖鞋上脚。

（5）身上异味，满身褶皱。

（6）风格混搭，配饰繁杂。

二、不得体的仪态

（1）清点人数，食指点戳。

（2）走步扛旗，来回摇晃。

（3）站着不挺，坐着不直。

（4）走速不稳，不看游客。

（5）翘二郎腿，内拐外八。

（6）耸肩晃腿，以丑为美。

【提升技能——"用"礼展形象】

一、提前了解游客的基本信息

作为一名导游，应该在上团前仔细阅读派团单，充分和计调人员沟通，尽可能地了解团内每一位游客的基本情况，并在食、住、行等方面着重了解游客的需求和禁忌。

（1）游客的出发地、户籍。

（2）游客的年龄、性别、民族、职业和文化层次等构成情况。

（3）游客的特殊要求，如宗教信仰或过敏情况。

（4）游客的旅游动机和生活习惯等。

二、对游客在行程中的表现进行言语鼓励

带团时，与游客交流是必不可少的，除了得体的仪容仪表和仪态留下美好的第一印象之外，导游还需要始终主动、热情地对待每一位游客，善于和游客沟通，加深情感，所以在适时的时候赞美游客的行为或者进行必要的提醒就非常必要了。

赞扬别人的秘诀

1. 赞扬要有感受性

让游客感受到你是在真心赞扬他。

2. 赞扬要真实、诚挚、具体

（1）赞扬要公开、肢解，一般不要私密的赞扬。

（2）赞扬要真实、诚挚，不要虚情假意。

（3）赞扬要具体细致，不要空泛笼统。

3. 赞扬还要新颖，有所发展和完全充分

（1）赞扬要新颖独特，不要用时常能听到的重复赞扬。

（2）赞扬要不断发展，但不要公式化、制度化。

（3）赞扬要完全充分，不要打折扣。

4. 灵活运用批评语言艺术

（1）从称赞和诚心感激入手，给出游客合适的建议。

（2）间接批评，不要直接说出游客的不对之处。

（3）批评之前，要先谈自己的错误。

（4）用"建议"而不要下"命令"。

5. 为别人保住面子

（1）批评必须完全在私下进行，不要当着其他游客的面批评。

（2）使批评与个人无关，批评行动而不是个人。

（3）一个过错一次批评，不要批评一件事牵扯另一件事；否则容易扩大事态。

（4）在友好的方式中结束"建议"。

【"明"礼入我心】

注意你的思想，它会变成你的言语；注意你的言语，它会变成你的行动；

注意你的行动，它会变成你的习惯；注意你的习惯，它会变成你的性格；

注意你的性格，它会变成你的命运。

只有我们从平时做起，养成良好的行为习惯，拥有得体的仪容仪表和优雅的动作仪态，才可以内化于心，成为习惯，进而塑造我们良好的性格。

学习情景七　旅行社接待服务礼仪篇——博文约礼

【"践"礼小故事】

　　小美是一名刚刚步入导游行业的实习导游，她非常注重自己的形象。一次，旅行社计调人员派给她一个以美容师为主的团队，小美不敢怠慢，精心打扮之后就上团了。一上大巴车，她发现整个团队大部分都是40岁左右的女士，几乎都是美容院的店长或者经理。她对准备好的讲解词进行认真讲解，服务也是尽可能周到，但是不知道为什么，她觉得游客总是和她有距离感，于是她和游客拉起了近乎，重复了几次"大家是美丽的代言人，每个人都是大美女……"等赞美之词，但是游客也不为所动，小美也不知道哪里做错了，你能告诉她吗？

【"执"礼任务单】

　　1. 导游若要给游客留下良好的"第一印象"，应该具备怎样的仪容仪表呢？请你用自己的话说一说。

　　2. 假如你小组的组员是你即将带领的游客，请尽可能了解他们的基本信息，并至少用10句话赞美你的组员，真诚地打动他们。

任务2.3　导游生活服务礼仪

任务背景

　　导游小张是经验丰富的老导游了，他以风趣幽默的带团风格著称。每次他带着客人从前一天晚上入住的酒店上大巴车，都会带着游客们一起做"美容操"。在大巴车发动前，他站在车前端面对游客说："亲爱的各位贵宾，早上好！俗话说，一日之计在于晨，大家昨天晚上都睡好了吗？我们接下来做一段舒筋活骨的'美容操'，不但能美丽容颜，还可以延年益寿，永葆青春！"游客一听都来了兴致，纷纷和他一起动起来了。"大家和我一起搓搓脸，搓一搓舒经活血，看看自己的眼镜、花镜带了没有；大家和我一起拽拽耳朵，耳朵有我们人所有重要的反射区，正好看看自己的金耳环带了没有。"讲到这里已经有客人忍不住扑哧笑了起来，小张继续说道："再转转自己的脖子，扭扭头，看看脖子上的翡翠项链还在不在；大家再转转手腕，看看自己的名牌手表还有没有……"这时候，全车游客都纷纷笑出了声。"身份证、现金、钱包还有充电器等，大家可不要贡献给酒店了哦。"小张继续幽默地说道，而游客们和他的距离又拉近了一步，整个车上洋溢着快乐的气氛，今天又是开心游览的一天呀。

　　如果你跟着导游小张去旅行，你会有什么感受呢？为什么？

　　当导游对游客提供生活服务时，应该如何做？请你用自己的话说一说。

任务二 导游接待礼仪——面朝八方笑迎客

> **任务概述**

1. 学会在生活中与游客交往。
2. 掌握恰当的礼仪技巧，处理好自己和游客之间的关系。

【基础技能1——"是"礼学其规】

一、旅行生活中对游客提供服务的要求

（1）根据《导游服务质量》《旅行社国内旅游服务质量要求》《旅行社出境旅游服务质量》所规定的标准以及之前与游客约定的标准提供服务，掌握好导游服务程序。

（2）树立良好的"第一印象"，不说过分的话，和游客维持良好的关系，比如攀谈、拉家常都是和游客拉近距离的好办法。

（3）处理好和领队、全陪或者其他导游之间的关系，为游客提供舒适的生活服务。

（4）提供个性化的服务和良好的心理服务，充分尊重游客，时刻保持微笑，多使用礼貌用语、柔性用语，让游客有宾至如归的感觉，和游客建立良好的人际关系。

（5）处理好旅游生活中多与少、强与弱、劳与逸之间的关系。

二、旅行生活中对游客提供服务的技巧

在导游服务中，为游客提供生活服务（图7-2-12）是重要的一环，如何能做到让游客有回家一样的亲切感，就需要导游善于观察，抓住游客心理，提供其需要的生活服务。

图7-2-12 生活服务

1. 要根据游客的需要和兴趣来组织游览活动

在带团时，要注意游客个性的差异，他们对旅行的整体要求不同，所以即便是同一个旅行团，经历的事情都是一样的，但是最后对这段旅程的感受有可能大相径庭，这就

学习情景七 旅行社接待服务礼仪篇——博文约礼

需要导游在安排行程时尽可能满足大部分游客的需要和兴趣。

2. 要善于观察和适时调整游客的情绪

一开始，游客的情绪是比较高昂的，但是人保持注意力的时间是有限的，新奇过后兴奋点接着便会逐步消退。游客的情绪会受到天气、场景、景点人数、食宿安排、身体状态、私人事务等多种因素影响，进而出现不一样的反应，开心、兴奋、彷徨、忧虑、烦躁、抱怨等各种情绪因时、因地而不同，这就需要导游留意观察游客的情绪反应。景点导游应该善于从言谈、举止、表情的变化中去了解游客的情绪变化。特别是在发现游客有焦急、不安、烦躁、不满等否定情绪后时，要及时找出原因、采取措施来消除或调整其情绪。

3. 旅行生活中对游客提供服务的基本原则

带团时各种情况都有可能发生，导游讲解之外的旅行生活服务也是导游是否能提供优质服务的重要一环。对游客生活中的礼仪要遵守"游客至上"原则，给予游客尊贵感受，真心实意地为他们服务，提供礼仪服务时，要时时刻刻以游客的利益为重，尽可能满足游客的正当需求。

【基础技能2——"非"礼勿其行】

一、导游带团心理失衡的行为

导游在带团时，经常会出现"快""急""难""杂"的突发事件，有些时候"屋漏偏逢连夜雨"，很有可能一些事情会有连锁反应，不顺心的事情一桩接着一桩，这就需要导游有良好的调整心理平衡的能力，时刻保证自己的心理健康。有些导游会被负面事情影响心情，产生无精打采、愁眉苦脸、哀怨满身的待客方式，上来就是各种埋怨和不满，对游客的服务也充满不耐烦或者无可奈何，这种心理状态不但不能解决问题，还会对游客留下不好印象；有时候游客因为素质素养、教育背景、理解方面的不同会对导游服务产生不满甚至是愤怒，这需要导游有较强的适应性和忍耐性，遇到各种刺激和压力时有一定的抗压能力和心理适应能力，不管遇到什么情况都能礼貌待客，尊重游客。

二、导游带团思想失当的行为

导游应具有很强的是非观念和自控能力，能够抵御形形色色的物质诱惑和精神诱惑。游客具有一定的购买能力，出手阔绰，导游不能因所谓的身份高低和贫穷富贵来对游客提供有差别的礼仪服务。另外，导游还要按工作纪律约束自己，不能索要小费和礼物，要以坚强的意志抵制各种诱惑，为游客提供优质服务。

【提升技能——"用"礼展形象】

1. 头脑冷静心不慌

在导游提供生活服务的过程中，遇到问题要做到处事沉着、冷静，有条不紊；处理关系要做到机智灵活、友好协作，面对游客的挑剔、投诉，首先自己不要慌张，要头脑冷静地迅速分析问题，妥善处理，用自己得体的礼貌礼仪安抚游客情绪，而不是随着游客或者事件的发展六神无主、胡乱处理。一定要注意，游客在任何情况下，都想得到导游的尊重和服务，所以作为导游，也需要把握好分寸，冷静处理突发事件。

2. 处理事件有原则

当游客提出个别要求或者投诉时，导游应该把握"一个标准，两种方式"。一个标准就是"合理而可能"。两种方式是指"认真倾听，耐心解释"和"尊重游客，不卑不亢"。

【"明"礼入我心】

我国旅游业经过几十年的发展，已形成了旅游从业人员的职业道德规范，即：

爱国爱企，自尊自强；
遵纪守法，敬业爱岗；
公私分明，诚实善良；
克勤克俭，宾客至上；
热情大度，清洁端庄；
一视同仁，不卑不亢；
耐心细致，文明礼貌；
团结服从，不忘大局；
优质服务，好学向上。

高尚的情操是导游的必备修养，导游要将个人的利益追求和国家、集体利益结合起来，在工作中要有辨别善恶、分清荣辱的能力，努力做好本职工作，将全心全意为人民服务的精神与"游客至上"的服务宗旨紧密结合起来，主动热情为游客服务。

学习情景七　旅行社接待服务礼仪篇——博文约礼

【"践"礼小故事】

　　导游小吴带领游客参观了美丽的西湖。快到中午用餐时间了，有游客提出来，难得来到美丽的杭州，想品尝一下具有地方特色的杭帮菜，他的提议让团里很多人都应声附和，小吴一开始还耐心解释："您的心情我可以理解，不过团餐都是提前安排好了的，我们还是要按照计划去用餐。"没有想到，这时很多游客都提出不同意见，七嘴八舌地发表自己的想法，小吴继续耐着性子解释道："如果吃杭帮菜，那就需要另外付费了，之前交的团餐费用也不能退。"说到这里，有个别游客还是坚持提出要自己另掏腰包吃特色菜，团队里一下子分了好几个帮派，有的想就跟着吃团餐的，也有坚持不吃团餐，自费去吃杭帮菜的，有的抱怨为什么不退团餐费用，自己也想自行解决午餐的。小吴有点不耐烦了，解释了那么久游客还是不理解自己的工作，何况团里就是个别游客总是要求这要求那，想到这里，小吴提高了音量说："那就没有办法了，既然大家意见不统一，你们讨论完再告诉我吧，我也不知道怎么办了。"听他这么说，游客的意见更大了，有人小声议论导游不专业，而小吴也觉得自己很委屈。

　　你可以帮着小吴出主意解决当下的问题吗？
　　如果你是小吴，应该如何调整自己的心态，以便更好地为游客服务呢？

【"执"礼任务单】

1.在旅游生活中应该如何体现出"游客至上"的服务原则？用你自己的话说一说。

2.面对突发事件时，导游的处理原则是什么？用你自己的话说一说。

融入个人魅力　展现礼仪风采

前苏联生理学家、心理学家、医师、高级神经活动学说的创始人——巴甫洛夫将人的气质分为四种类型：胆汁质、多血质、粘液质、抑郁质。

1. 胆汁质类型

这种类型的人一般性格冲动，做事武断鲁莽，热情、直率、外露、急躁的类型。其特点是，情绪高涨，抑制性差；日常生活中表现表现为积极热情，精力旺盛，坚韧不拔，快言快语；富于表情，喜欢新的活动和热闹场面，办事果断，性情直率；但易急躁，热情忽高忽低，办事粗心，有时刚愎自用、傲慢不恭。

2. 多血质类型

多血质型属于活拨、好动、敏感的气质类型。其特点是，举止敏捷、姿态活泼；情绪色彩鲜明，具有较强的可塑性和外向性；语言表达能力、感染能力强，善于交际，感情外露但又显得粗心浮躁；办事多凭兴趣，富于幻想，缺乏忍耐力和毅力。

3. 粘液质类型

黏液质型属于稳重、自制、内向的类型。其特点是，情感不易变化和暴露，平素心平气和，不易激动，但一引起波动就变得强烈、稳固而深刻；他们说话慢且言语少，遇事谨慎，善于克制忍让，对工作埋头苦干，有耐久力，注意力不易转移；但往往不够灵活，容易固执拘谨。

4. 抑郁质类型

抑郁质型的人感情细腻，做事小心谨慎，善于观察不到的微小细节，在团体中表现积极认真、努力向上、毫不懈怠，无论置身于何种岗位，只要担负了责任，就以所从事的工作为荣，努力解决困难，这是抑郁质型人的长处。抑郁质型的人适应能力差，易于疲劳，行动迟缓、羞涩、孤僻且不大合群。

要成为一个出色的、能够提供给游客以高质量服务的导游，应该具有胆汁质或多血质气质类型的人，或者是以这两种气质类型为主的混合型气质类型的人，他们可以在短时间的旅途中与游客成为朋友，成为共历风雨的"伙伴"，这两种气质类型的导游都有一种亲和力，有较强的人际交往能力，有可以和游客建立良好关系的倾向。只有在这种良好和谐的关系中，游客才能真切地体会到旅途的美好。

学习情景七　旅行社接待服务礼仪篇——博文约礼

　　作为中职学校的学生，除了要进行专业的内容修炼之外，还需要注重对自己气质的培养，如果将来要从事导游带团、旅行社咨询、旅游网络营销的同学，要尽可能培养自己成为胆汁质和多血质类型的人；有志向做旅游产品开发、线路设计或者景点开发、景区管理的同学，要培养自己做事严谨，认真负责、顾全大局的性格和特质，尽可能具备黏液质或抑郁质气质优点的特点。当然人的气质类型不是单一的而是复合的，对一个人气质的培养也不是一朝一夕、一蹴而就就可以形成的，需要长期坚持不懈的有意塑造。一般选择旅游管理相关专业的同学们都性格开朗大方、交友广泛、团结同学，除此之外也有性格内敛较为腼腆的同学，这样的同学应发挥自己本身气质的优势，有意培养自己尽可能多向胆汁质或多血质的气质类型发展，为将来在众多类型的旅游服务岗位中找到适合自己的职业类别打下坚实基础。

学习情景八

酒店接待服务礼仪篇——彬彬有礼

任务一 前厅部接待——宾至如归聚人脉

任务背景

某日,某五星级酒店的一位"金钥匙"①礼宾员突然接到一位在该酒店住过的外籍女教师的电话。这位女士说,四年前在饭店遗留了三件物品,由于种种原因一直未取,本想饭店对此一定做了公证处理,也不抱希望了,可又慕"金钥匙"的"万事通"之名,因此打电话试试。这名"金钥匙"接完电话后,立即在行李房内查找几遍,又通过计算机资料检索,终于找到了三样物品:一个化妆箱、一个行李箱和一款女士包。原来,在四年前客人离店后,酒店就按登记表中的地址和电话联系过,只因这位外籍教师搬迁,迟迟未能联系上。这位女教师也因疏忽而未即时来函查寻,这一耽搁就是四个春秋。可女教师做梦也没想到,她的三样并不贵重的物品竟在四年后失而复得……

任务概述

1. 熟悉前厅部员工的必备素质要求。

2. 掌握前厅部迎送客人服务、行李服务、接待服务的礼仪要求并能够自如完成前厅部的接待工作。

【基础技能1——"是"礼学其规】

前厅部员工的必备素质和要求如下:

---

① 一个拥有先进服务理念和标准的国际服务品牌。

一、整洁优雅的仪容仪表

前厅部员工是客人进入酒店最先接触到的服务人员，代表着酒店的形象，决定着客人对酒店的第一印象。因此在进入岗位开展对客服务之前，前厅部员工必须先检查自身的仪表仪容，确保符合标准要求。

二、端庄大方的服务姿态

1. 站立姿态

优美而典雅的站立姿态，是体现服务人员自身素养的一个方面，是体现服务人员仪表美的起点和基础。

除了基本的方法和要求外，由于服务人员有男有女，服务人员在工作时站立的时间也长短不一，可变换为稍息的姿势，其要求是：上身保持挺直，身体重心偏移到左脚或右脚上。另一条腿微内前屈，腿部肌肉放松。

2. 行走姿态

人的行走姿态是一种动态的美，前厅部员工在工作时，经常处于行走的状态中。优美的步态和稍快的行走速度反映了前厅部员工良好的精神面貌和职业素养，向客人传达友好高效的服务信息。

三、健康成熟的心理

前厅部员工要有健康成熟的心理，能以"健康"和"豁达"的心态处世；与他人相处时，能遵循"平等和双赢"的原则；在与他人交往中，善用"选择和诱导"的艺术；能自觉地进行"自我沟通和自我整合"，避免"自我疏远和自我挫败"。

四、灵活的应变能力

前厅部员工应机智灵活，善于应变，应妥善处理日常所面临的复杂事务，发挥好神经中枢的作用。前厅部员工必须懂得社会学、旅游心理学、民俗学、销售学、管理学、法学等知识，以接待具有不同职业、身份、文化背景、风俗习惯和社会阶层的客人，并为客人提供个性化的优质服务。

五、过硬的驾驭语言能力

前厅部员工要有过硬的驾驭语言的能力,应善于聆听,学会表达,除普通话外,前厅部员工必须掌握1~2门外语(英语为必备语种)。在与客人进行语言交流的过程中,要学会使用语言艺术。

六、掌握一定的推销技巧

善于揣摩客人心理,掌握一定推销技巧,尽可能地推销出酒店的产品和服务。

七、娴熟的业务能力

具备娴熟的业务技能,真正做到:服务效率高,讲究时效。如一名接待人员应在3分钟内为客人办理完入住手续;访客查询服务不超过3分钟;邮件分送不超过30分钟;钥匙收发不超过15分钟;话务员转接电话遇有占线或无人接听时,及时向客人解释,请客人等候,每次时间不超过45秒。

另外,前厅部员工一般不要接受客人赠送的礼物。若不收有可能失礼时,应向客人表示谢意,并将收到的礼物按酒店有关规定处理。

【基础技能2——"非"礼勿其行】

一、前厅部员工在岗位上服务与接待时眼神的忌讳

(1)俯视(表示歧视、轻慢)。

(2)左顾右盼(表示心中有事、注意力不集中、满不在乎)。

(3)瞪眼凝视(表示敌意、使客人无安全感)。

(4)斜着扫一眼或翻白眼(表示鄙夷或反感)。

(5)正视逼视(表示命令、使客人有压迫感)。

(6)眼睑微睁,目光涣散(表示胆怯、疑虑、疲惫、无聊、无精打采、无工作热情)。

(7)眼睛眨个不停或眯着眼看客人(表示疑问、轻视、惊奇、看不清楚)。

(8)不停地上下打量客人(表示挑衅、怀疑、好奇、吃惊)。

(9)只与客人打招呼而不注视对方(表示不欢迎、不在乎)。

(10)无视,即闭视(表示疲惫、反感、生气、无聊、心不在焉)。

二、前厅部员工在工作中行为举止上的忌讳

1. 站立时忌讳

弯腰驼背，摇头晃脑，东倒西歪，倚靠在门、墙上，靠在客人座椅背上，把脚踏在凳子上或在地面上蹭来蹭去，乱踢地面上的东西。

2. 就坐后忌讳

翘二郎腿，脚尖对着客人，频繁地抖动，在客人面前旁若无人地整理头发和衣服，不时摆弄手指、衣角，脱掉鞋子或把脚露在鞋外，双手交叉于脑后，仰坐在工作台旁。

3. 行走时忌讳

急跑步或脚跟用力着地而发出声响，行走路线弯曲甚至东张西望，抢道而行，不打招呼，不致歉意，与人并行，勾肩搭背。

4. 做手势动作时忌讳

在客人面前拉拉扯扯，或在客人背后指指点点，讲到自己时，用手指着自己的鼻尖，在和别人讲话时，用手指点别人，手势动作过快，手舞足蹈。

5. 表情上忌讳

绷着脸，表情冷漠，眼睛无神，无精打采，眼神变化过快或凝视对方，双眉紧锁，嘴唇紧闭，放声大笑，毫无顾忌，表情失常等。

【提升技能——"用"礼展形象】

一、迎送客人服务礼仪规范

（一）驻机场代表服务

此项服务是酒店整体的对客服务的延伸和扩展，越来越多的酒店在国际航空港设置驻机场代表，使这类服务更加专业化。驻机场代表（图8-1-1）应有较高的外语交流水平，熟悉酒店的客情，掌握主要客源国游客的生活习俗、礼仪，有较强的应变能力等。

图8-1-1　驻机场代表

（1）熟知次日、当日客情，在预订客人抵达前一天，核对客人信息。

（2）客人抵达当日，根据所乘航班时间提前做好接机准备。

（3）接到客人后，主动问候，表示欢迎，自我介绍，并帮助客人提行李，引领客人上车。

（4）电话通知前厅礼宾值班台有关客人信息。

（5）客人离店时，驻机场代表与礼宾部行李组及车队取得联系，核对客人信息。

（6）与客人告别，感谢客人光临酒店，并欢迎客人再次光临。

（二）门厅迎送客人服务

门厅迎送客人服务人员亦称迎宾员或门僮，是代表酒店在大门口迎送客人的专门人员，是酒店形象的具体表现。其要承担迎送、调车、协助保安员、行李员等工作，通常应站在大门的两侧或台阶下、车道边，站立时应挺胸颔首、手自然下垂或下握，两脚开立与肩同宽。

1. 迎客服务

（1）将客人所乘车辆引领到适当的地方停下，以免酒店门前交通阻塞。

（2）趋前开启车门（图8-1-2），即用左手拉开车门70度左右，右手挡在车门上沿，为客人护顶，并协助客人下车。原则上应优先为女宾、外宾、老年人开车门；若遇有行动不便的客人，则应扶助他们下车，并提醒注意台阶；若遇信仰佛教和信仰伊斯兰教的客人，则不需要为其护顶；若遇雨天，应为客人提供撑雨伞服务，并礼貌地暗示客人擦净鞋底后再进入酒店大堂，同时将客人随手携带的湿雨伞锁在伞架上。

图8-1-2　趋前开启车门

（3）面带微笑，使用恰当的敬语欢迎前来的每一位客人。

（4）协助行李员卸行李，注意检查有无遗漏物品。

（5）招呼行李员引领客人进入酒店大堂。

2. 送行服务

（1）召唤客人的用车至便于客人上车而又不妨碍装行李的位置。

（2）协助行李员将行李装入汽车后舱，请客人确认无误后关上后舱盖。

（3）请客人上车，为客人护顶，等客人坐稳后再关车门，切忌夹住客人的衣、裙等。

（4）站在汽车侧前方0.8~1米的位置，挥手向客人告别。

二、行李服务礼仪规范

酒店的行李服务（图 8-1-3 和图 8-1-4）是由前厅部的行李员提供的，其工作岗位位于酒店大堂一侧的礼宾部（或大厅服务处）。礼宾部主管（或"金钥匙"）在此指挥、调度行李服务及其他大堂服务。

图 8-1-3　行李服务（一）

图 8-1-4　行李服务（二）

（1）客人抵离酒店，主动询问客人是否需要行礼服务。

（2）请客人一起清点行李件数并检查行李有无破损。

（3）提醒客人贵重物品自己保管，确保客人行李安全。

（4）如遇进出电梯，应先请客人进出，以便按楼层按钮。

（5）引领客人至客房途中，应主动热情地问候客人，并适时介绍酒店特色、新增设的服务项目、特别推广活动等。

（6）进入客人房间前，应先按门铃，再敲门，并报自己身份。

（7）引领客人进房后，应先开总开关，确认客房属可售房后，再请客人进入。将行李放在行李架上或按客人吩咐放好，为客人介绍房内设施及使用方法。

三、接待服务礼仪规范

（1）客人距离前台 2 米，向客人点头微笑并致以问候，如图 8-1-5 所示。

（2）询问客人是否有预订房间。

①客人有预订则迅速查找客人的订单，核对预订资料。

②客人没有预订，则应有针对性地推销，并与客人确认房型、房价、房数和住店天数。

图 8-1-5　接待服务

（3）请客人出示证件，办理入住手续。

（4）双手将房卡递交给客人，告知其房号、所在楼层、早餐开餐时间、地点及房间电话如何拨打，祝客人入住愉快。

（5）通知房务中心客人已入住，完善计算机中的信息。

（6）将单据按要求分单、整理并放在指定位置以备夜班核查。

【"明"礼入我心】

服务是酒店产品的核心，是客人选择酒店的主要因素之一，其服务项目的多少，服务内容的深度和服务质量水准是影响酒店行业竞争的重要环节。

优质服务的内容包括礼貌礼仪、服务态度、服务技能、服务效率、服务项目、设施设备、服务质量、清洁卫生、酒店环境、自由安全感等。

【"践"礼小故事】

颇费周折的"一切顺利"

某日中午临近12点，河南郑州A酒店总台服务员小阮接到一位女士的电话，她自称是南京B酒店的工作人员，需要A酒店今天派人去接一位从B酒店来这里住宿的外宾。小阮忙询问预订房间的有关资料，但是根据对方告知的相关资料，并未查到今天有这样一位客人要下榻酒店，小阮仔细查看了计算机中的预订记录，发现外宾的名字拼写错误且入住时间是第二天。经过核对得知，客人有事要提前到达，但由于脚部扭伤，行动不便，需要酒店方面去接站。

小阮迅速拨通了车队值班电话并说明情况，得到可以派车的证实后，小阮向对方询问了车次及抵郑的时间。挂机后，小阮又联系车队，告之其车次及抵达时间，并交代接车事宜。然后，小阮通知商务中心打印一张接车牌，放至总台，转交给车队司机。

一切安排妥当后，小阮拨通了南京B酒店电话，将安排情况告知对方，并再次确认客人今日一定会如期到达后，方才下班。临走时，小阮将联系电话交给中班接班人员，并交代他务必告知夜班人员（因为客人21点30分到）。虽然一切都交代得很清楚，但小阮始终放心不下。22点，小阮打电话询问总台，得到"一切顺利"的答案后，一颗悬着的心才放下。

次日上班，刚巧遇上外宾退房，小阮便关切地询问客人，一切可否顺利，脚伤可否康复一点，这时外宾才知道自己顺利抵达郑州，离不开小阮的精心安排，就用不标准的中文微笑着说："小姐，谢谢你，太谢谢你了！"

在此案例中，服务员小阮把"首问责任制"诠释得相当完美，主要表现在以下几点：从接到电话到反复核实、确认，直至一切安排就绪，再到次日客人离开酒店，小阮做到了全程不间断地跟进服务，表明了其对待工作认真负责的态度。

【"执"礼任务单】

1. 模拟门僮迎客服务。

2. 模拟行李员引领客人至房间。

3. 模拟接待人员接待散客入住。

学习情景八　酒店接待服务礼仪篇——彬彬有礼

任务二　餐饮部接待——主动热情有分寸

任务背景

半条金汤鲥鱼

2020年11月28日晚，张先生在某酒店中餐厅633包间用餐。金汤鲥鱼是该餐厅的特色菜品，服务员小唐为客人进行了点单推荐，当"金汤鲥鱼"上桌时客人发现鱼只有半条，随即问服务员小唐："这鱼怎么会是半条呢？刚才点菜时你怎么没有和我说呢？"为此客人非常不满，餐厅主管对此出面向客人进行了解释，并赠送一份果盘以表示歉意。

服务员在点菜时应重点为客人介绍鲥鱼的营养价值，还要特别介绍金汤鲥鱼只有半条的原因。另外，要和客人介绍鲥鱼带鳞吃的营养价值及食用方法。为客人进行特殊菜品点菜时，须对客人说明特殊制作方法。

任务概述

1. 了解餐饮部服务人员服务意识及基本素质要求。
2. 掌握餐饮部引位员、餐饮部值台员与餐饮部传菜员礼仪要求。

【基础技能1——"是"礼学其规】

一、餐厅服务人员的服务意识要求

客人是酒店经济的来源，服务人员工作的优劣主要应以在客人面前的表现和客人的满意程度来衡量，因此，服务人员应树立客人第一的思想，要始终站在客人的立场上考虑他们的需求，为客人提供令其满意的服务。

餐饮服务人员服务意识的主要表现如下：

（1）热爱服务工作，以为客人服务为荣。

（2）眼观六路，耳听八方，随时准备处理客人可能传递来的需求信息。

（3）当客人走向服务人员的位置时，服务人员应暂停手中的工作先招呼客人。

（4）初识介绍后，应尽量记住客人的姓名和职务，便于以后主动打招呼。

（5）认真倾听、热情回答客人提出的各种问题，注意掌握"女士优先"的原则。

（6）坚持"一站式服务"，切勿搪塞或答"不知道"。

（7）坚持"客人总是对的"原则，不与客人发生争执。

（8）不能使用客用电梯、卫生间，上下班应从员工通道出入。

二、餐饮部服务人员的基本素质要求

1. 语言能力

《旅游涉外饭店星级的划分与评定》对酒店服务人员的语言要求为：语言要文明、礼貌、简明、清晰；提倡讲普通话；对客人提出的问题无法解答时，应予以耐心解释，不推诿和应付。此外，服务人员还应具有一定的外语水平。

2. 应变能力

餐饮部服务工作大都由员工通过手工劳动完成，且客人的需求多变，所以要求餐饮部服务人员必须具有灵活应变的能力，遇事冷静，及时应变，妥善处理。

3. 推销能力

每一个餐饮部服务人员都是推销员，要根据客人的爱好、习惯及消费能力灵活推销，以尽量提高客人的人均消费水平。

4. 技术能力

餐饮部服务人员必须掌握娴熟的服务技能，并灵活、自如地加以运用，以期提高工作效率，保证餐饮部服务的规格、标准，更可以给客人带来赏心悦目的感受。

5. 观察能力

餐饮部服务人员应具备敏锐的观察能力，随时关注客人的需求并给予及时满足。

6. 记忆能力

餐饮部服务人员应尽量记住客人的需求信息，除了可以及时给予满足之外，当客人下次光临时，服务人员即可提供有针对性的个性化服务。

7. 自律能力

餐饮部服务人员在工作过程中应加强自我控制能力，遵守酒店的员工守则等管理制度，明确知道在何时、何地能够做什么，不能够做什么。

8. 服从与协作能力

餐饮部服务人员对直接上司的指令应无条件服从并切实执行,对客人提出的要求尽量给予满足,但应服从有度。

餐饮服务是协作性项目,服务人员在做好本职工作的同时,应与其他员工密切配合,尊重别人,共同努力,尽量满足客人需求。

【基础技能 2——"非"礼勿其行】

餐饮部服务人员与客人不恰当的沟通方式如下:

(1)与客人谈话时,打断客人的讲话或抢过别人的话题去发言,这样会扰乱对方说话的思路,也不利于问题的解决。

(2)说话内容庞杂,中心不明,主旨不清,语句散乱,容易使客人误会服务人员或酒店的初衷,造成不必要的麻烦。

(3)说话连珠炮似的,会使客人应接不暇,容易给客人造成压迫感,想当然地根据经验推断,轻率地下结论,会使客人形成店大欺客的不良印象。

(4)随便答复自己不清楚或不知道的事情,对服务范围以外和自己无把握办到的事情,轻易许诺客人。

(5)与客人谈话,涉及客人的经济收入、婚姻状况、宗教信仰、年龄等情况。

(6)与两个以上客人谈话时,只和一个人谈而冷落其他客人。

(7)驻足旁听客人之间交谈,或有事需与客人联系时,不顾场合直接打断客人。

【提升技能——"用"礼展形象】

一、餐饮部领位服务人员礼仪规范

领位也称咨客,代表着餐厅的形象,是客人对餐厅的第一印象形成的重要组成部分,领位服务人员礼仪规范如图 8-2-1 所示。

(1)按规定着装上岗,化淡妆。

(2)营业前了解本酒店概况和当天客人预约情况。

(3)精神饱满地站在餐饮部门口两侧或迎送台后面,便于环顾四周位置,等待迎接客人。

(4)客人到来时要热情相迎,主动问候。对老幼或身体残疾客人,应主动上前照料。

图 8-2-1 领位服务人员礼仪规范

（5）为客人指路，认真回答客人的询问，尽量满足客人的合理要求。

（6）尽可能记住常客姓名、习惯、喜好，使客人有"宾至如归"的感觉。

（7）开餐后，根据不同情况引客人到合适的座位。

（8）客人就餐完毕离开时，要有礼貌地欢送，并致告别语，目送客人离开。

二、餐饮部值台服务人员礼仪规范

值台服务也称楼面服务，是餐厅服务中和客人接触时间最长的岗位，承担了客人就餐中大部分的服务内容，值台服务人员礼仪规范如图8-2-2所示。

（1）按要求着装上岗，化淡妆。

（2）保持工作区域整洁卫生。

（3）熟悉餐厅出品，了解当日客情。

（4）做好开餐前餐饮用具和服务用品的准备。

（5）开餐后，热情迎接客人，做到长幼有序，宾主有别。

图 8-2-2　值台服务人员礼仪规范

（6）主动做好客人参谋，合理推销餐厅菜品。

（7）在按规范提供服务的基础上，细心留意客人用餐情况，提供针对性服务。

（8）尊重客人隐私和个性化需求。

三、餐饮部传菜人员礼仪规范

传菜人员是连接餐厅和厨房的纽带，负责安全迅速准确地把菜品传送到楼面，其礼仪规范如图8-2-3所示。

（1）按规定着装上岗，做好备餐间卫生清洁工作。

（2）熟悉餐厅菜品，清楚每道菜的制作原料、口味特点、服务及食用要求。

（3）熟悉餐厅布局及员工通道分布。

图 8-2-3　传菜人员礼仪规范

（4）提前准备好清洁的托盘，备好足够的调料。

（5）菜品传递准确、迅速，保证菜品的温度、外形和口感。

（6）把好菜品质量关，做到五不端：温度不够不端、卫生不够不端、数量不够不端、形状不对不端、颜色不对不端。

（7）餐中做好前后台协调，及时通知前台服务人员菜品变更情况，做好出品部和楼面的沟通、协调。

（8）协助楼面服务人员撤掉用过的餐具和菜盘，注意轻拿轻放，避免破损。

【"明"礼入我心】

优质服务离不开一个"亲"字。宾至如归的核心是让客人在酒店感到与在家里一样的亲切、温暖。若要实现这个目标，就需要酒店员工把尽可能多的亲情传递给客人，即高境界的服务需要服务人员真正投入其中，要把自己的感情融入对客服务中，营造一个亲切、温馨的服务氛围，最大限度地给客人真情挚意，让客人获得一种难以忘怀的消费体验。在激烈的餐饮市场竞争中要赢得客人对企业的忠诚，就必须"以心换心"投入感情。因此，真正关心客人，培养对客人的诚挚感情成为服务要素的重要内容。

【"践"礼小故事】

暖心的姜汤

小田是北京某家餐厅的服务员。晚餐在为客人服务时，发现同一位客人连续向她要了两次餐巾纸用于擦鼻涕，并不时咳嗽。细心的小田便让厨房为其做了一碗姜汤。当她把一碗冒着热气的姜汤送到这位客人面前时，客人一下愣住了。小田热情地解释说："厨房给您做了一碗姜汤，一来可以驱驱寒气，二来对治感冒也有一定的效果。"小田的用心服务令在场的所有客人都很感动，并对她的服务给予了很高的评价。

"用眼看，用耳听，然后去做。"服务员只有将客人当成需要精心服侍的亲人与朋友，才能使服务富于情感和魅力。服务员小田仅凭客人连续要了两次餐巾纸，并结合自己观察到的咳嗽症状，便判断客人感冒了的事实，及时为客人送去了一碗姜汤。这个举动传递了对客人的关爱，也温暖了客人的心田。

【"执"礼任务单】

1. 模拟引位员引领客人到餐位。
2. 模拟值台员为客人提供入席服务。
3. 模拟值台员提供斟酒服务。
4. 模拟值台员提供上菜服务。
5. 模拟值台员提供结账及送客服务。

任务三　客房部接待——贴心服务显真情

任务背景

实习生小李在客房当服务员一个多月了，逐渐熟悉了客房工作的流程。一天，在打扫房间卫生的时候，她发现房间只住了一位客人，但两张床上的枕头都用过了。细心的小李发现了这个情况，贴心地给客人多准备了一个枕头。晚上客人回来后非常奇怪，他找到服务中心问了情况，得知是小李特意给他多准备了一个枕头，非常感动。王先生说他经常往来各地讲学，住各种酒店。因为颈椎的问题，他总是把枕头垫得高高的。每次回到酒店他都会习惯性把旁边床上的枕头拿过来垫上，第二天早晨再放回去。可见只有用心为客人着想才会发现这样细微的问题，小李用她的细心为酒店赢得了回头客。

任务概述

1. 了解客房服务人员的基本素质要求，了解客房服务礼仪原则。
2. 掌握客房迎宾、清洁维修、送客服务礼仪要求，能够熟练对客服务。

【基础技能1——"是"礼学其规】

客房是客人主要的休息和工作场所，客房服务人员承担着客人大部分的日常生活服务。在服务中，应注意动作轻稳、敏捷，用语礼貌，服务周到、细致，有针对性地为客人提供一个清洁、卫生、舒适、安静、安全、温馨的生活环境。

一、客房部员工的基本素质要求

（一）品质优良，为人诚实，自觉性高

客房部的工作多是要求员工独立完成，且很多工作是在客人看不到的时候完成的，所以对客房部服务人员的个人素质，更突出品德方面的要求。

（二）责任心强，作风踏实，善于与同事合作

客房部的服务工作劳动强度大，而且与其他部门相比，更多的时候不与客人直接打交道，这就要求客房部服务人员有踏实肯干和吃苦耐劳的精神。

客房的维修、保养等需要和其他部门通力合作，这就要求同事间和睦相处、分工明确、配合默契。

（三）动手能力强，工作效率高

客房部工作相对来说较为繁杂，体力消耗大，而且客人要求的标准高。因此，要求服务人员的操作动作敏捷，有充沛的精力，有较强的动手能力。

二、客房服务礼仪原则

1."三轻"原则

说话轻、走路轻、操作轻，避免影响客人的正常活动和休息。

2."五声"原则

五声指客人来店有欢迎声，客人离店有告别声，客人表扬有致谢声，工作不足有道歉声，客人欠安有慰问声。

【基础技能2——"非"礼勿其行】

客房服务中的失礼行为如下：

（1）敲门用力过大或用手掌反复拍门。

（2）进入房间前从门缝或锁孔向里窥视，或耳贴房门倾听。

（3）不经客人允许或不敲门突然进房。

（4）进房后采用就坐方式与客人谈话，进房后关闭房门（尤其是女士的房间）。

（5）翻阅客人的书报、信件、文件等资料，借整理房间之名，随意乱翻客人的抽屉、衣橱，出于好奇心试客人的衣物、鞋帽等。

（6）拿客人的食物品尝。

（7）在客人房间看电视、听广播。

（8）用客房的卫生间洗澡。

（9）用客房电话打私人电话。

（10）与同事议论客人。

【提升技能——"用"礼展形象】

一、客房迎宾礼仪规范

（一）准备工作

楼层服务台接到前台开房通知单后，当班台班员要做到"七知""四了解"。

七知是指知道客人到店的时间，知道客人国籍、身份、人数、团体名称，知道客人生活标准和收费办法，知道其接待单位。

四了解包括了解客人的意见和要求，了解风俗习惯和生活特点，了解客人的活动日期，了解客人退房、离店的时间。

（二）迎接工作

迎接客人时，得体的话语和笑脸可以使其忘掉旅途的劳顿，产生"宾至如归"之感。

1. 梯口迎宾

客人由行李员引领至相应楼层，服务人员应面带笑容，热情招呼。如果事先得知客人的姓名，在招呼时应称呼客人的姓氏。

如没有行李员随行，客房服务人员要主动帮助客人提行李，但要察言观色，不要硬性坚持把客人手中的物品拿过来。

楼层服务人员引领客人到已为客人准备好的房间门口，侧身站立，行李员用钥匙打开房门，请客人先进。

2. 介绍情况

客人初到酒店，不熟悉环境，不了解情况，行李员首先向客人介绍房内设备及使用方法，同时向客人介绍酒店服务设施和服务时间。

3. 送欢迎茶

如果是重要客人，在客人进入客房后，要随即送上茶水和毛巾。形成"客到、微笑到、茶到、香巾到、敬语到"的入门系列配套服务，送欢迎茶，如图8-3-1所示。

如客人喜欢饮冰水、用冷毛巾，也应按其习惯送上。在问清客人没有其他要求后，应立

图8-3-1　送欢迎茶

即退出客房,不可无事逗留,以免影响客人休息。走时说上一句"有事请吩咐",或"如有需要,请打××号分机,我随时恭候"。退出房间时,应向后退一两步,再转身走出,同时轻轻关上房门。

二、客房清洁和维修礼仪规范

(一)客房整理的礼仪规范

(1)进房间前,服务人员必须先敲门。敲门的规范动作:用右手的中指和食指关节轻轻敲三下,并通报"客房服务员",若无回音,过5秒再敲三下;第二次敲后仍无回音,便可开门进房。但若敲门后听到房间内有客人的问话声,应立即报上自己的身份。进入房间后应说明来意,征得客人同意后方能打扫卫生。打扫房间卫生时,要一直开着房门,客房整理如图8-3-2所示。

图8-3-2 客房整理

(2)当房门上挂着"切勿打扰"的牌子时,尽量不要敲门,更不得擅自闯入。午后2点仍是这样,则致电客房询问是否需要清洁服务。

(3)在客房内工作,将客人的文件、杂志、书报稍加整理,打扫后放回原处,不得弄错位置,更不得擅自翻动客人的物品,也不得向客人索取任何物品。

(4)除扔在垃圾桶里的东西外,即使放在地上的东西也只能替客人进行简单整理,千万不能自行扔掉。女士的化妆品即使用完了,也不得将空瓶、纸盒扔掉。

(5)在服务过程中,不得在客房内看电视、听音乐。除发生意外情况,不要使用客房的电话。凡是打到客房的电话,一律不要接听。

(6)不要将工作车放在靠近房间门的一侧,以免影响客人进出。

(二)客房维修礼仪规范

(1)酒店装修或维修客房时,应该使用敬启信或通告的方式真诚向客人致歉,感谢客人的理解和支持,并及时为之提供附加服务。

(2)维修人员应着装干净,维修物品应摆放有序。提拿动作要轻缓,尽量不影响客人休息。

(3)不随意使用客房部的物品和设备。

(4)维修完毕要清扫垃圾,恢复客房原状。

三、客房送宾礼仪规范

（1）宾客离店前，在可能的情况下，应主动征求客人意见，以便不断改进服务工作。

（2）送别客人时，应主动协助行李员提送客人的行李物品。

（3）客人离开房间后，应迅速入房仔细检查。

（4）客人离店时，服务人员在电梯口或楼梯口送客，要真诚道别。

【"明"礼入我心】

在酒店里，客人看得见的服务为"明"，看不见的服务为"暗"，客房部以提供"暗"的服务为主。客房作为客人休息、睡眠的区域，酒店必须为客人创造一个安静安全的环境；同时，客房作为客人的私人领域，客人们是不愿意让别人干扰自己的私生活的。因此，客房服务不能像餐饮服务那样，注重场面的渲染，服务于客人眼前，忙碌于客人左右，而是应该注意服务过程的"三轻"，将服务工作做在客人到来之前或不在房内期间，让客人感到酒店处处都在为自己服务却又看不见服务（即"暗"的服务）的场面，如同在自己家里一样方便、称心。

【"践"礼小故事】

不敲门就清扫，客人投诉"砸饭碗"

××酒店客房部卫生清扫员李晓，推着清洁车来到1525房间门口，她既未敲门，又没按门铃，拿起钥匙就开门径直走入房间。不料房内一个男客人正穿着内裤躺在床上休息，客人回避不及，又尴尬又生气，恼怒之下，拿起电话向客房部投诉。

这位先生很生气地说："作为酒店的服务人员，进房间之前应先敲门，这是最起码的礼貌标准。她既不敲门，又不按门铃，就这样突然闯进房间，实在令我难以忍受。"

客房部经理立即向这位客人赔礼道歉，事后解除了酒店与该卫生清扫员的劳动合同。

客房部对卫生清扫员的工作程序和标准均制定了岗位责任制度和卫生标准。卫生清扫员不能依个人意愿，违反规定程序工作。例如，进房间清扫前要先核对房间状态，然后敲门或按门铃，待客人应答或同意后方可进房间清扫。事后，虽然客房部经理向客人表示歉意，并开除了这名不讲礼貌的清扫员，但是客人由此对这家酒店产生的不良影响不是那么容易消除的。

【"执"礼任务单】

1. 模拟楼层迎宾服务。

2. 模拟为VIP客人送欢迎茶服务。

知识链接

优质服务方程式

在企业服务中,有几个简单的方程式能够帮助员工理解自己所处地位和对待客人态度的重要性。

1. 每个员工的良好形象＝企业整体良好形象,即 1＝100

这一方程式所表示的是,企业的任何一个员工都是企业形象的代表,企业员工对待客人的一言一行都代表着企业的管理水平、全体企业员工的素质、企业的整体服务水平。

2. 企业整体良好形象——一个员工的恶劣表现＝0,即 100-1=0

这一方程式的含义是企业的服务形象是由一个个员工共同来决定的,即使其他员工表现出色,但只要其中任何一个员工表现恶劣都会使企业形象受到严重损失。

服务无小事,如果企业能够洞悉"小事"并提供相应的服务,就会获得更多的客户。

3. 客人满意＝各个员工表现的乘积

在这一方程式中,企业员工表现出色,服务优质,其得分为100;表现恶劣,态度极差,得分则为0。企业的形象并不是每个员工的表现简单相加的结果,而是一个乘积。

融入个人魅力　展现礼仪风采

　　思想是客观存在反映在人的意识中经过思维活动而产生的结果。思想的内容为社会制度的性质和人们的物质生活条件所决定。良好的思想素质是其基本素质的根本，是做好服务工作的基础，同时，对于提高其他基本素质具有重要的指导意义。

　　1. 热情友好，客人至上

　　这是酒店服务人员最根本的职业道德规范。它继承了"有朋自远方来，不亦乐乎"的传统，同时又赋予了时代的新内容。因此，酒店服务人员对客人要满腔热情，微笑服务，想客人所想，急客人所急，把客人的需求当作服务的第一需要，树立敬业、乐业的思想。

　　2. 真诚公道，信誉第一

　　这是酒店服务人员处理主客关系实际利益的重要准则。酒店服务人员应做到真心诚意，讲究信用，恪守合同，既维护客人的利益，又维护本企业的信誉。古人说："诚招天下客，誉从信中来。"有了真诚才有客源，有了客源才有企业的兴旺，有了企业的兴旺也才有企业的效益。

　　3. 文明礼貌，优质服务

　　酒店服务人员要礼貌待客，敬人敬己，尽心尽责，技术娴熟，使所有客人时时处处都感受到真诚的友善、温馨的亲情、需求的满足和周到的服务。

　　4. 不卑不亢，一视同仁

　　酒店服务人员既要自尊、自重、自爱，维护国家的尊严、保持民族的气节，又要谦虚谨慎，热情友好，礼貌待客，服务至上。对不同国籍、肤色、信仰、身份和地位的一切客人应一视同仁。

　　5. 团结协作，顾全大局

　　每个服务人员都要做到理解上级意图，服从上级指挥，从全局的长远利益出发，团结互助，密切配合，关心同事，乐于助人，发扬风格，顾全大局，以达到共同繁荣的目的。

　　6. 遵守纪律，廉洁奉公

　　这既是法律规范的需要，更是道德规范的需要。酒店服务人员应自觉遵守纪律，秉公办事，以培养自己高尚的道德品质。

　　7. 钻研业务，提高技能

　　古人讲："工欲善其事，必先利其器"，这"器"就是服务员将愿望变成现实，将优质服务变成行动的手段。这手段就是过硬的技能、丰富的知识和精湛的技艺。酒店服务人员应树立终身学习的理念，把工匠精神贯彻到服务工作中。

学习情景九

旅游交通服务礼仪篇——谦和好礼

任务一　民航服务礼仪——跟我飞，心飞扬

任务背景

　　两位美国女士刚上飞机，就一面皱眉头、掩鼻子，一面嚷着客舱里空气不好。一位客舱乘务员微笑着走过来，一面请她们原谅，一面递上一小瓶香水。没想到的是，香水却被她们扔到客舱座位的角落里去了……此时，乘务员心里很不是滋味，她的自尊心受到了伤害，但还是微笑着给她们送来可口可乐。可是她们还没喝，就说可口可乐有问题，甚至过分地将可乐泼到乘务员身上。乘务员强忍着这种极端无礼的行为，再次把可口可乐递了过去，不卑不亢地微笑着用英语说："小姐，这些可口可乐是美国的原装产品，也许贵国这家公司的可口可乐都是有问题的。我很愿意为您效劳，将这瓶可口可乐连同你们的芳名及在美国的地址一起寄到这家公司，我想它们肯定会登门道歉并将此事在贵国的报纸上大加渲染的。"两位女士目瞪口呆。这位智慧的乘务员又微笑着将其他饮料递给她们。

　　事后，这两位女士检讨说自己太过分了，并称中国乘务员的服务和微笑是一流的。

　　在民航服务工作中应如何使旅客感受到乘务员是在用心、真心地服务呢？

任务概述

1. 理解民航服务岗位工作的基本礼仪。
2. 掌握民航服务工作主要岗位的礼仪。

任务一　民航服务礼仪——跟我飞，心飞扬

【基础技能1——"是"礼学其规】

一、民航服务人员的仪容仪表规范

仪容仪表是民航服务人员精神面貌的外在表现，更是航空服务公司的脸面。服务人员在上岗前必须根据礼仪规范要求着装，以更好地展示公司和个人形象，上岗期间还要注意对自己形象的维护和保持。

二、民航服务人员的行为举止

注重仪态美是民航企业树立良好公众形象的基础和前提，是尊重旅客的需要，是服务人员增强自信心的有效手段。民航服务人员在工作中要具备挺拔的站姿、端庄的坐姿、轻盈的走姿、优雅的蹲姿和得体的手势、真诚的微笑、亲切的眼神。

三、民航服务人员的言语谈吐规范

言谈是考察一个人人品的重要标志，也是反映一个人礼仪修养的重要标志，更是服务工作的重要媒介，所以民航服务人员一定要注意语言方面的礼貌问题。

四、民航服务人员的表情神态规范

在民航服务工作中亲切、友善的表情能帮助服务人员表达情感，促进与旅客之间进行最佳的交流与沟通。

【基础技能2——"非"礼勿其行】

一、民航企业各岗位服务人员的失礼行为

（1）不遵守各项规章制度，迟到早退，擅自离岗。

（2）不注重仪表仪容及个人卫生。

（3）对过往旅客指指点点、评头论足。

（4）工作场所吸烟、吃口香糖及其他食品，看与工作无关的报纸、杂志等。

二、客舱服务各岗位服务人员的失礼行为

（1）乘务员未按规范穿着工作装。
（2）与旅客、领导、同事相遇，不懂得谦让，抢道先行。
（3）迎送旅客，表情冷漠、言语生硬。
（4）广播员不熟悉广播稿件，广播时语速随意、语调平淡。

三、地面服务各岗位服务人员的失礼行为

（1）单手递送旅客的证件。
（2）航班信息不能做到准确无误，回答旅客问询无耐心、不礼貌。
（3）为旅客办理行李服务、维持登机秩序时，态度不耐烦，语气强硬。
（4）引导旅客登机时速度过快，旅客不能跟上。

【提升技能——"用"礼展形象】

民航企业各岗位基本礼仪规范

（一）服务人员礼仪规范

（1）严格遵守各项规章制度，按时到岗，不迟到，不早退。
（2）上岗前注意检查自己的仪表仪容，注意个人卫生。
（3）工作中坚守岗位，工作间隙不得擅离职岗。
（4）不对过往旅客指指点点、评头论足。
（5）不吸烟，不吃口香糖及其他食品，当班时不看与工作无关的报纸、杂志等。
（6）不得有剔牙、挖耳、抠鼻、揉眼等不文雅行为。

（二）客舱乘务员礼仪规范

客舱乘务员（图9-1-1）通常分头等舱乘务员和客舱乘务员。头等舱乘务员主要负责头等舱、驾驶舱的服务以及核对旅客人数等工作；客舱乘务员主要负责厨房和普通舱的旅客服务工作。其主要礼仪行为规范有：

（1）工作时必须按规范穿着工作装。客舱乘务员与旅客、领导、同事相遇时，应微笑示意、驻足让道、主动问好。
（2）认真检查机舱相应设备、物品及环境卫生，为旅客创造

图9-1-1 客舱乘务员

一个舒心的旅行空间。

（3）与乘务长一起迎送旅客，姿态规范、微笑待客、语音亲切、言语规范。

（4）为旅客服务时，应主动、热情、耐心、周到、有礼，工作中做到"六勤"，即眼勤、嘴勤、手勤、腿勤、耳勤、心勤。

（5）针对有特殊需求的旅客，在不逾越空乘工作规定的情况下尽量予以满足。

（6）服从乘务长及主管领导的工作安排。

（三）地面服务各岗位服务人员礼仪规范

1. 值机员

值机员主要为旅客办理乘机等相关手续。在工作时他们的主要礼仪规范有：

（1）在接受旅客的有效证件和订票单时应使用双手递送。

（2）若有看不清或不明白的地方，一定要婉转问询旅客，注意言语礼貌。

（3）将客票交与旅客时，还应请旅客看清客票上的有关内容，并说明机场名称、乘机日期、离站时间、何时办理登机手续等事宜。必要时，可以对重点内容进行标注。

（4）为旅客办理票务时，必须询问旅客的航班号、目的地、是否托运行李、是否有特殊餐食要求等，注意态度和蔼、言语礼貌。

（5）接收、发放旅客票证时，一定要用双手，并且要向旅客说明航班号、目的地、托运行李件数、登机口、登机时间等。

（6）严格查验旅客机票，帮助旅客选择合适的座位。

（7）为旅客办理行李服务时应耐心、细致，不能流露出不耐烦的表情。

（8）对于旅客有关行李问题的问询，应耐心解释说明。

2. 安检员

安检员在工作时的主要礼仪规范有：

（1）耐心引导旅客逐个通过安检门。

（2）对通过安检门时报警的旅客，应引导其重复过门再次进行检查或手持金属探测仪或手工进行人身检查，不可面露不耐烦的表情，还要注意言语的礼貌性。

（3）手工进行人身检查时，应注意由同性别安检人员进行。

【"明"礼入我心】

随着社会的发展，航空公司只有不断改变和完善自己的服务，才能更好地满足旅客的物质和精神需要。民航服务通常包括客舱服务和地面服务两部分，环节繁杂，内容琐碎，但每一项工作的完成都需要礼节礼貌渗透其中，甚至可以这样说，待客礼仪体现程度的高低直接决定着旅客对整体服务评价结果的好坏。

【"践"礼小故事】

旅客为何迟迟不下机

航班经停长沙时,一对夫妇带着两个小孩,因为孩子睡着了,夫妻二人忙着照顾而迟迟下不了飞机。当时,客舱乘务员小王心里很着急,眼看航班就要延误了,于是她上前对旅客说:"请你们尽快下飞机。"这时,旅客脸上露出不满的神情,匆匆下了飞机。小王此时意识到自己语气不好,但弥补已来不及了,为此他心里难受了好长一段时间。

处理类似的问题应注意以下几点:主动上前,询问旅客需要帮忙做什么,如提行李、收拾东西等;理解旅客到达目的地都是想早点下飞机的,如果耽误了,一定有什么原因,客舱乘务员应主动帮他们解决面临的困难,尽可能提供及时的服务,而不是指责旅客。若小王多站在旅客的角度上去想想,体会他们的爱子之心,就不会这样说话了。希望他们抓紧时间下飞机,为什么不去帮一把呢?比如帮忙收拾东西、提拿行李等,如果能这样做一定会收到截然不同的效果。

【"执"礼任务单】

2020年5月12日,厦门航空公司MF8049次航班计划于11点20分起飞,由厦门飞往青岛,乘务长小陈和乘务员小王、小刘正在机舱门口迎接旅客登机。旅客主要有商务旅客、旅行社旅客和从台湾地区返回大陆探亲的旅客等,其中有几位是年过七旬、行动有些蹒跚的老人……

请以五六个人为一小组,轮流扮演不同角色进行手势、微笑、眼神、搀扶等体态语言的训练,并加以点评。

提示:

(1)在客舱门口,乘务员迎接乘客时的表情、眼神应如何把握?应采用哪一种手势?

(2)如果为旅客引领,应运用哪一种手势请旅客入座呢?

请认真思考,看看哪一组还能设计出更多的场景来进行仪态语言训练。

> **知识链接**
>
> #### 不正常航班服务口诀
>
> 航班迟,心焦急,莫将双眉中间挤;询原因,问时间,信息沟通当迅即;
> 先广播,讲事由,真诚致歉把怒息;发报纸,放录像,分散注意是妙计;
> 时间长,没关系,送水送餐降火气;老年人,小朋友,特殊旅客要熟悉;
> 勤巡视,多留意,安全监控要警惕;旅客疑,巧应答,耐心解释不要急;
> 客有难,尽全力,切莫满口承诺其;遇抱怨,多倾听,微笑理解要切记。
>
> (资料来源:上海航空公司,吴尔愉乘务组)

任务二　轨道交通礼仪——随我行，舒适情

任务背景

党的二十大报告指出："建成世界最大的高速铁路网、高速公路网，机场港口、水利、能源、信息等基础设施建设取得重大成就。"高铁是中国铁路科技综合实力的最高体现。高铁的开行向世人表明中国铁路在科学发展观指导下，又好又快地走"引进、消化、吸收、创新"的科技发展之路，已经成功地进入世界同行业的先进行列。

高铁是中国铁路的高科技产品，既体现高精尖，又充满人性化，它开行以来，受到世人们的广泛好评。

作为担当高铁乘务工作的服务人员，应如何打造服务品牌，让旅客满意呢？

任务概述

1. 理解轨道交通各岗位工作的基本礼仪。
2. 掌握轨道交通工作主要岗位的礼仪。

【基础技能1——"是"礼学其规】

轨道交通乘务员（图9-2-1）的服务基本要求如下：

（1）与旅客交谈时，要面对对方，保持适当距离（45~100厘米）；

（2）目光要平视旅客的眼睛，以表示尊敬和正在注意听取对方的谈话。

（3）口齿清楚、简练明了、语气温和、用词文雅，避免使用专业术语。对国内旅客要使用普通话，给对方以体贴感、信赖感。

图 9-2-1　轨道交通乘务员

（4）切忌打听旅客的隐私，特别是外国旅客的年龄（多为女士）、薪金收入、衣饰价格等。

（5）乘务员之间在客舱、服务间讲话，声音要小、轻，不谈与工作无关的事情，避免影响旅客休息和客舱安静。

（6）为旅客发放每一样物品（图9-2-2）时，应主动介绍名称，严格遵循发放原则：先左后右、先里后外、先宾后主、先女后男。

（7）对旅客提出的要求，能做到的应尽量满足，不能做到时，应耐心解释，不能怠慢。

（8）无意碰撞或影响了旅客，应表示歉意，取得对方谅解。

（9）在列车上遇到熟悉的旅客应主动打招呼问候，表示欢迎。

（10）对爱挑剔的旅客要耐心热情，避免发生口角，对举止不端的旅客，应镇静回避。

图9-2-2　为旅客发放物品

【基础技能2——"非"礼勿其行】

一、安全检查的失礼行为

（1）出现拥挤忙乱的现象。

（2）当着其他旅客的面检查旅客包内的违禁品。

（3）与旅客面对面宣传时，蛮横粗野，大喊大叫。

二、问询引导的失礼行为

（1）接待旅客的问询时说"也许""大概"之类没有把握或含混不清的话。

（2）对自己能答复的问题，推给别人来回答。

（3）接待旅客时东张西望或长久地盯着异性看。

（4）讥笑、讽刺旅客，与旅客争辩。

（5）中途打断旅客的话或是回避、置之不理。

三、候车大厅服务的失礼行为

（1）当旅客问路时，不懂装懂，信口开河或敷衍应付。

（2）上岗前食用带有异味的食品。

（3）在旅客面前打喷嚏、掏耳朵、挖鼻孔、剔牙齿或随地吐痰。

四、售票处服务的失礼行为

（1）服务人员工作时与同事闲聊。

（2）面对旅客购票时，服务人员态度冷淡，面无笑容。

五、站台服务的失礼行为

（1）在工作中背着手、叉着腰、抱着膀、手插在衣兜或裤兜里。

（2）高声喧哗、嬉笑打闹、勾肩搭背，在旅客面前吃食物、吸烟、剔牙和出现其他不文明、不礼貌的动作。

【提升技能——"用"礼展形象】

一、安全检查礼仪

（1）穿着规定制服，着装统一，服装干净，衣扣、领带、领结整齐。

（2）检查前，应主动说声"谢谢您的合作"，并主动伸手帮旅客把包放到检测仪上或抬到桌子上。检查过后应向旅客表示感谢。

（3）安检时发现违禁品，应向旅客指出哪些物品属于违禁品，严禁带进站、带上车。

（4）与旅客面对面宣传时，应做到声音温柔平和，态度和蔼亲切，并多使用礼貌用语。

二、问询引导礼仪

（1）上岗前，应做好仪容仪表的自我检查，做到仪表整洁、仪容端庄。

（2）工作中保持站立服务，站姿端正，精神饱满，面带微笑，思维集中。

（3）随时能热情接待每位中外旅客的问询，做到有问必答、用词准确、简洁明了。

（4）对自己能答复的问题，不推给别人来回答。

（5）学会察言观色，善于利用体态语言表达情感，以便更好地与服务对象交流。

（6）在旅客因误解、不满而投诉时，要以诚恳的态度耐心地听取旅客的意见。

三、候车大厅服务礼仪

（1）上岗前，做好仪容仪表的自我检查，着统一服装，做到仪表整洁、仪容端庄。

（2）面对旅客的询问应热情回答，显示出自己的诚恳和亲切。在大厅遇到有人问询时，应停下脚步主动询问:"先生(女士),您有什么事需要我帮忙吗?",表示关切。

(3)当旅客问路时,应详细地告诉对方怎么走,必要时可以画一张路线图做指引。

(4)随时解决候车大厅中旅客遇到的困难,做到耐心细致。

(5)应始终在旅客的身边,主动向旅客提供服务。

四、售票处服务礼仪

(1)必须佩戴职务标志或工号牌,做到仪表整洁、仪容端庄。

(2)工作时,精神饱满、思想集中,不与同事闲聊。

(3)面对旅客购票时,要主动热情,态度和蔼,面带笑容。

(4)售票时,做到准确无误;对旅客表达不清楚的地方,要仔细问清楚,以免出错。

(5)业务熟练,工作有序,讲求效率。

来自四面八方的旅客有着不同的旅行目的、不同的文化背景、不同的脾气秉性,给售票服务增加了难度。有些车站根据售票窗口的操作流程形成"三语两声"的语言规范,即"讲好开头语,坚持标准语,用好结束语,做到服务开头有问候声,服务结束有道别声"。每个车站都可以从中总结规律和经验,让车票又快又好地到达旅客手中。如果售票员做到热情周到,可以消除旅客的陌生感和不安情绪,取得旅客对售票工作的理解和配合。

五、站台服务礼仪

站台是车站服务的关键岗位之一,旅客在等车和上车时容易混乱,特别是在客流量大的时候,容易发生安全事故,因此,站台服务人员要将安全和礼仪相结合。

(1)上岗前,做好仪容仪表的自我检查,着统一服装,做到仪表整洁、仪容端庄。

(2)旅客在验票后往往赶车心切,缺乏安全意识,站台服务人员要及时指引旅客到达列车即将停靠的站台。

(3)在站台上迎接列车时,站台服务人员要足踏白线,双目迎接列车的到来,从列车进入站台开始到列车停靠站台为止。

(4)在列车进站前,要维持好站台的秩序,按车厢的距离安排旅客排队等车。

(5)旅客排队等车时,发现个别旅客不遵守秩序,插队或拥挤,要及时予以制止。

(6)要时刻注意旅客的安全,提醒他们站在安全线以外。

(7)在列车员验票时,要配合列车员做好排队验票、排队上车工作。

(8)在列车离开车站时,要足踏白线,目送列车开出站台。

任务二　轨道交通礼仪——随我行，舒适情

【"明"礼入我心】

在服务工作中，语言艺术是体现乘务员素质高低，能否让旅客在短暂的旅途中感受到优质服务的关键，应将服务语言的艺术性贯穿于服务工作的细节和始终。艺术性是规范服务语言的灵魂。动车服务的语言艺术，应扎根于丰富的乘务工作业务知识之中。乘务业务知识是土壤，语言艺术是种子，二者结合定能收到良好的效果。拥有丰富的业务知识，并用其丰富服务语言，将其准确、礼貌、巧妙地传达给旅客，以满足旅客的不同需求，让旅客在语言交流中感受到动车服务工作的风格和灵魂。

【"践"礼小故事】

车晚6小时，点歌谢车长

2001年3月30日，由昆明站开往北京西站的T62次列车运行途中因电力网故障晚点6小时，导致车车秩序十分混乱，旅客情绪非常激动，列车几乎要处于失控状态。列车长及时来到客舱，大声向旅客解释列车晚点原因，宣传铁路的有关办法和规定，请求旅客的谅解和支持。对确有困难的旅客逐一登记，还把自己的手机借给两位旅客使用，让他们与北京的朋友联系，帮忙调整食宿安排。同时，列车长又召集列车临时党支部会议，要求列车全体工作人员各负其责，乘警加强巡逻，餐车要做到饭香菜美，保证供应。通过全车工作人员的努力，旅客情绪渐渐稳定。有两位旅客还专门点播歌曲《好人一生平安》，以表达对列车工作人员的深切谢意。

"一流的硬件设施，更需要一流的软件服务。"当列车晚点时，旅客的情绪非常急躁，客舱内的场面就要失控时，乘务员要想尽一切方法，采取一切措施安抚旅客的情绪，取得旅客的理解，转移其注意力，从而让情绪激动的旅客冷静下来。总之，列车有终点，服务无止境！

【"执"礼任务单】

1.站台服务礼仪有哪些？请你试着列举几个。

2.用自己的话说一说贵宾室服务礼仪。

学习情景九　旅游交通服务礼仪篇——谦和好礼

融入个人魅力　展现礼仪风采

　　交通运输业的发展离不开两个要素，一个是技术、设备，另一个是优质的服务。其中技术、设备是硬件，服务是软件，只有二者相结合才能保证交通运输业的快速发展。在激烈的市场竞争中，服务质量的高低决定了企业是否能够生存，市场竞争的核心实际上是服务的竞争。

　　民航服务、轨道交通服务是实操类较强的岗位，这就要求民航服务专业、轨道交通专业的学生不仅要熟悉和掌握理论知识，还需要提高自己的实践能力，所以该专业的学生应该积极投身于服务实践中去，只有这样，才能在社会生活中磨练自己的意志，提高和完善自己的服务技能。

　　1. 在校期间积极参加学校组织的各种社团活动和志愿者服务活动。因为参加一些志愿者服务活动和爱心传递活动可以在人际交往和团体协作方面积累经验，有助于形成较好的组织管理理念、增强团队合作精神和提高自己的社交能力。

　　2. 积极参加与专业有关的见习和实习活动。这样有助于自我零距离地领悟服务的真正内涵，从而提高自己的服务技能和服务意识的精神境界。

　　3. 积极投身于服务实践，在实践中接触和感知社会，培养和提高自己过硬的心理素质。进而有助于自己在今后的服务工作中，冷静沉着地应变服务过程中出现的各种复杂情况及突发事件，努力为旅客提供贴心优质的服务。

学习情景十

线上交流礼仪篇——情礼兼到

任务一 网络交流礼仪篇——真诚待人，及时沟通

任务背景

小林是一名年轻的国际旅行社导游，因为表现不错领导让他带一个由几个家庭组成的23人团队去新马泰旅游，为了方便团员们提前知道目的地一些基本信息，出发前小林组建了一个微信群，把行程中的注意事项、旅游行程等很多相关内容一股脑的发到了群里，和游客见面以后小林还添加了每一个家庭代表的微信方便联系。本来想的一切准备就绪，不过到了境外后一些游客还是做出一些不恰当行为，当小林提醒已经在群里发过相关注意事项后，有些游客表示根本没有看到；自由活动时有些游客给小林发微信询问一些问题，小林因为种种原因回复不及时，看到再回复就晚了，也引起了一些游客的不满。带团结束后小林满心疑惑，明明是方便沟通、提高效率的线上沟通怎么就用着不顺手呢？

你能试着帮小林找找他在线上沟通的时候存在哪些不足吗？应该如何做才更好呢？

任务概述

1. 了解网络交流的准备工作
2. 掌握线上交流礼仪的基本礼仪

【基础技能1——"是"礼学其规】

当今社会，全世界都在向无纸化迈进，尤其是手机、平板电脑、个人电脑的风行，无纸化沟通越来越成为人们沟通方式的主流。现代科技的开展给人类生活带来了许多便利，同时

学习情景十　线上交流礼仪篇——情礼兼到

也给旅游服务行业的对客服务提供了新的沟通交往渠道，当前旅游服务人员主要通过微信、QQ、邮件等方式和顾客沟通，在日常线上沟通时，我们要遵守以下礼节：

一、微信和 QQ 等方式沟通礼仪

（一）形象塑造 得体有礼

1. 为自己挑选一张适合图像作为微信或者QQ的头像，这样容易与他人沟通时建立好感。
2. 朋友圈或者空间里所发的内容要以正能量信息为主。

（二）真诚交流 高效沟通

1. 主动问候，自报家门

主动添加别人的时候自报家门，如姓名、单位、职位、基本信息等，添加对方好友的时候要在好友验证信息简洁输入自己的简单介绍，一般以"问候+称呼+简短介绍+添加目的"如："您好，王老师，我是您班里李楠的家长，想了解一下孩子最近在校的表现，请您通过，谢谢。"

2. 态度真诚，信息简洁

对方添加好友后，应该第一时间和对方对交流的信息做进一步沟通或核实，如果对方主要是询问相关服务信息，应该态度真诚，使用"您好"、"让您久等了"、"谢谢"等礼貌用语；沟通语句简洁明了，直入主题，不要拐弯抹角。

3. 文字为主，语音为辅

微信或者QQ沟通一般先以打字沟通为主，如果交流内容较多，不方便打字叙述，或者容易引起误会，则在先询问对方是否可以语音发消息得到肯定回复后，再发语音。

（三）详细备注 做好区分

微信或者QQ一般人都用昵称或者不真实的称呼，在和顾客沟通结束后，要第一时间备注好对方的基本信息，如姓名、工作单位、或者咨询交流类别。如"贾女士 建材总经理 咨询云南票务"方便下次再沟通时能第一时间辨认出该顾客身份和咨询要点，避免弄出笑话或者重复沟通，引起顾客不悦。

（四）建群有序 及时关注

1. 有时候多人沟通或者交流时，需要建立微信群或者QQ群，一般旅游服务人员为群主，应该随时关注群里动向、强调群成员不往群里发与沟通无关的信息，特别是一些广告或者链接。

2. 作为群主应该把沟通或者通知的主要事项用简洁明了的话语通过群通知发送到群中，确保每个群成员看到信息提醒，如果消息非常重要，最好再通过接龙等方式一一确认群成员是否收到群信息，避免以后造成误会和麻烦。

3. 群内有成员发出咨询或者提问的时候应该第一时间及时解决，如果有必要单独沟通，则加该成员好友进行进一步有针对性的服务，并不是所有问题都需要在群里统一回复，最好回复共性问题，避免出现其他群成员理解错、或占用太多群空间、又或者可能会造成一些误会还需要群主再次解释的情况出现。

4. 如果沟通结束，需要群主根据实际形况看看是否要解散该群，也可以进行保留作为以后推进服务的沟通渠道，拓展新的服务业务。

二、邮件沟通礼仪

（一）邮件发送 简洁明了

1. 起一个简单明了的标题。

2. 称呼得体，单个收件人，可以称呼如"张先生"、"李小姐"，也可以称呼对方职务如"您好！王经理"；多个收件人，可以称呼大家如"各位朋友"。

3. 开头、结尾有问候语。

4. 内容简明扼要，正文可列几个段落进行清晰明确的说明，每个段落应简短，避免长篇大论。

5. 一次邮件交代完整信息。最好在一次邮件中把相关信息全部说清楚、说准确。不要过两分钟之后再发一封什么"补充"或者"更正"之类的邮件，这会让人很反感。

6. 超过三个附件请打包。

（二）邮件回复 及时有效

1. 邮件的回复周期一般不要超过 24 小时，及时回复是一种美德。

2. 如果无法及时确切回复，可以先回复"已收到您的邮件，我们正在处理，一旦有结果就会及时回复"等。

3. 如果正在出差或休假，可以设定自动回复功能，提示发件人，以免影响工作进展。

4. 如果收发双方就同一问题的交流回复超过 3 次，此时可以采用电话沟通或约面谈等其他方式进行交流后，再将最终结讨论结果以邮件的形式进行确认。电子邮件并不是最好的讨论方式。

5. 正文前明确称呼。

6. 为避免无谓的回复,浪费资源,可在正文中指定部分收件人需要回复,或在文末说明"无需回复"等字样。

三、视频会议沟通礼仪

(一)会前通知 详尽完备

1. 视频和会议前应该通知到参加会议的所有人员,确定会议开始的时间、会议简要内容和注意事项。

2. 如果是腾讯会议等方式还应该第一时间告知会议号,主持会议的人员应该提前进入会议中,和主讲人做简单沟通,并进行人员清点,如果人数不够可以及时通知参会人员。

(二)会前准备 充分有序

1. 视频会议往往对网络配置要求较高,因为一般都有图像和音频的传出,所以需要网络畅通网速快且稳定。

2. 主持人应该提前和发言人沟通好,如果是主持人自己为主讲,也需要提前就开会内容提前拟稿,就会议内容、会议流程、发言人顺序等做好充足准备,如果有幻灯片或者辅助发言的多媒体工具,需要提前准备好,并做好调试工作。

3. 对需要视频的发言人,进行发言背景的选择,并且注意参会人员的形象准备,应该符合大方得体的要求。

(三)会中记录 会后跟踪

1. 会议中应该做好记录,对参会人员提出的问题,发言人应进行反馈和解答。

2. 会后做好跟踪和回访工作,并根据参会人员的反馈做好下一次工作或者做好线下任务布置的调整。

【基础技能2——"非"礼勿其行】

微信、QQ、钉钉、视频电话、腾讯会议、手机短信等多种沟通方式方便人们交往的同时,也需要注意在交流过程中应当避免一些不恰当行为,不然会给对客服务造成障碍或者损失,破坏个人和旅游企业的形象。

一、微信或者QQ沟通时的失礼行为

1. 添加好友时含糊介绍自己或者直接没有标注姓名就发送好友申请。

2. 给别人发信息时，不直接说需求或事项，而是试探性的发"您好"、"在吗"等无用信息。

3. 不用文字沟通，喜欢用语音信息沟通，而且连续发送多条长达60秒的语音信息。

4. 和顾客沟通内容繁琐，不能进行简明扼要的高效交流。

5. 顾客进行询问后，半天没有回应，不能做到及时沟通。

6. 建立群聊天后重要信息不通过群通告告知，而是直接用简单信息发送，并没有跟进群成员是否都收到看到。

7. 作为群主没有树立群规则，群内发送广告等与沟通无关内容过多，没有对群成员进行合理约束，造成有用信息被顶到之前被忽略，导致一些成员没有及时看到。

二、邮件沟通时的失礼行为

（一）邮件发送时的失礼行为

1. 标题冗长，含义不清，无实际内容。
2. 没有问候语，不礼貌，沟通不能做到真诚待人。
3. 没有签名，不知道发件人是谁。
4. 附件数目超过3个以上，不打包进行发送，导致内容过多。

（二）邮件回复时的失礼行为

1. 不能及时回复，回复时已经错过最佳答复时间。
2. 没有主题，不能让收件人迅速了解沟通内容。
3. 主题出现"尽快""紧急"等字眼，让收件人不悦。
4. 出现花里花俏的字体，给人不庄重、不重视的感觉。

三、视频会议沟通时的失礼行为

1. 会议准备不充分，网络不佳，网速不够等原因导致会议中途出现卡顿或者断线情况。
2. 会前通知不具体，没有能做好提前通知准备工作，仓促不认真导致会议效果不佳。
3. 会议过程中没有对重点问题或者大家关心的问题做好记录，并且在会后没有及时跟进任务完成情况和搜集反馈信息，致使会议效果欠佳。

学习情景十　线上交流礼仪篇——情礼兼到

【提升技能——"用"礼展形象】

在南航吉林公司有一个叫"向阳花"的机场服务组，其服务质量和水平在中国民航里有口皆碑。

长春机场曾有位韩国旅客在候机厅里显得焦急万分，不知所措。"向阳花"服务组工作人员康英艳见此情景，忙走上前去。然而，这位客人是个聋哑人。小康就与他进行笔谈，了解到这名韩国旅客叫桂龙鹤，他错过了飞往北京的最后一个航班。于是小康在进行解释和安慰的同时，帮他办好了改签次日航班的手续，并帮他通知北京接机的朋友，但随后了解到桂龙鹤在北京的朋友也是位聋哑人。"这怎么办？"康英艳犹豫了一下。对了，用手机发短信不就解决问题了吗？想到这，康英艳拿出自己可以用韩语书写短信的手机，把桂龙鹤误机的事和次日航班的时间告诉了对方。没过几分钟，康英艳的手机显示了对方的回信，他的朋友表示理解并转达了让桂龙鹤安心在长春停留一晚的劝慰之意。

康英艳和自己的同事为桂龙鹤联系好宾馆并叫来车辆，并陪他到宾馆办理好入住手续，还为他写了一些常用的中、韩双语卡片备用。

第二天早晨，她们怕桂龙鹤误机，很早就赶到宾馆把这位旅客接到机场，办理好乘机手续后把他送上飞机交接给乘务员。临别时桂龙鹤站在机舱门口，对着康英艳和"向阳花"服务组的其他姑娘深深地鞠了一躬。

飞机带着"向阳花"服务组对桂龙鹤的祝福飞走了。当航班到达北京后，康英艳的手机收到了桂龙鹤发来的短信："你们好吗？我是桂龙鹤，我已经到达北京。作为一名残疾人，我在中国能得到这样的帮助，对我来说真是终身难忘。谢谢你们美丽的'向阳花'！"

"向阳花"服务组每个人手里都有一长串她们曾经服务过的特殊旅客的名单，他们有的初来中国举目无亲，有的年老体弱，有的重病缠身，甚至有个别无理挑剔的。但是，"向阳花"的姑娘们都给予了无微不至的关心和照顾，帮助他们解决了各式各样的困难，受到了旅客们的称赞，韩国媒体甚至以"到长春就找向阳花"为题报道了她们。"向阳花"已经成为南航吉林分公司的一个优质服务品牌。

案例中，"向阳花"服务组的康英艳用手机发短信的方式帮助特殊旅客，为客人提供了细腻、诚恳、到位的服务，感动了客人。

任务一　网络交流礼仪篇——真诚待人，及时沟通

【"明"礼入我心】

线上交流礼仪的重要性

网络沟通有几点原则需要常记在心。其一，我们是在和人交流。因此现实生活中如何沟通，网络上也该如何，要铭记，不管用何种网络方式沟通，线上对面的那个人是和你一样真实的人；其二，沟通交流时一定要做到尊重别人。尊重他人的隐私，不要随意公开私人邮件、聊天纪录和视频等内容；允许他人的犯错，人都会有犯错误的时候，不要自诩高人一等；尊重他人的劳动，不要剽窃，随意修改和张贴别人的劳动成果，除非他人主观愿意；尊重他人的时间，在沟通提问以前，先确定自己无法解决，且对方是正确的人；其三，要有足够的自心，虽然自己是提供服务的一方，在网络交流中也要不卑不亢，有礼有节，做到情礼兼备，同时也要注意谦虚，做好细节，不要刻意放低自己，也不要在自己不熟悉或了解不准确的情况下，还要凭着经验冒充专家；在网络交流中发送任何消息前，要仔细检查语法和用词是否恰当、是否有错别字，不要故意挑衅或使用脏话。

请大家记住线上交流十条核心规则：记住别人的存在；线上线下行为一致；入乡随俗；尊重别人的时间；给自己线上留个好印象；分享你的知识；有礼有节发表自己观点，不起争执；尊重他人的隐私；不要滥用权利；宽容他人。

【"践"礼小故事】

深圳香格里拉酒店金钥匙小李接到某公司胡先生的电话，对方称自己公司的一位外国客户是酒店的住店客人，到东莞参加国际家具展览会，会后打不到出租车，请酒店安排一部东莞的出租车送客户回深圳。小李问清了客人所在位置、大概样貌和联系电话，并告知客人会尽最大努力帮助客人，有消息会尽快告知他。挂断电话，小李联系了东莞的几家出租车公司，得到的答复都是不提供此项服务。

小李没有放弃，登录金钥匙总部网站，找到东莞地区首席金钥匙马先生的信息，通过酒店总机接通了马先生的电话，向他说明了情况并请他提供帮助。10分钟后，小李收到马先生的手机短信，称客人已接到，正在返回深圳途中。小李真诚致谢，并马上致电胡先生。胡先生非常高兴，连声说："没想到，没想到，我只是抱着试试看的心态给你们打了电话，没想到你们这么用心，不愧是五星级的酒店，以后我都会安排公司的客户入住贵酒店。"

【"执"礼任务单】

1. 微信或者QQ沟通礼仪应该遵守哪些事项？
2. 试着小组之内开一次腾讯会议，用到本节内容提到的注意事项并保存下来。

学习情景十　线上交流礼仪篇——情礼兼到

融入个人魅力　展现礼仪风采

　　世界因互联网而多彩，生活因互联网而丰富！网络已成为我们生活中不可或缺的一部分，

　　它拉近了我们与世界的距离。那么同学们，你知道《全国青少年网络文明公约》吗？

　　2001年11月，为增强青少年自觉抵御网上不良信息的意识，共青团中央、教育部、文化部、国务院新闻办、全国青联、全国学联、全国少工委、中国青少年网络协会向全社会发布了《全国青少年网络文明公约》。全文如下：

　　　　　要善于网上学习　　不浏览不良信息
　　　　　要诚实友好交流　　不侮辱欺诈他人
　　　　　要增强自护意识　　不随意约会网友
　　　　　要维护网络安全　　不破坏网络秩序
　　　　　要有益身心健康　　不沉溺虚拟时空

　　作为中职生，在我们身边网络无处不在，微信、QQ、钉钉等聊天软件拉近了我们和家人朋友间彼此的距离，各种花样繁多的浏览器、搜索软件等打开了探索这个五彩世界的大门；种类繁多的游戏软件、休闲小程序等放松了我们紧张的精神，愉悦了心情，有人这样说"网络用好是个宝，查找资料不用跑，天下大事早知道，学习知识不可少。"于此同时，网络的使用也是一个双刃剑，如果用不好，则是"网上并非全都好，乌七八糟也不少，不良信息决不看，一旦陷入不得了。"而我们文明使用网络是在线上文明交流的前提，也为以后在各行各业工作中涉及到网络交流的文明行为打下基础，为了以后能做到对客线上服务文明交流，我们就要从现在的使用网络做起，从每一次线上交流做起，礼貌待人，不使用脏话；态度诚恳，不欺诈他人；遵守礼节，不随心所欲，为推动良好的网络生态助力，为塑造主流舆论新格局贡献自己的一份力量。

参考文献

[1] 徐春燕.礼貌礼节[M].北京：高等教育出版社，2016.
[2] 吴宝华，张杨莉.礼貌礼节[M].北京：高等教育出版社，2012.
[3] 唐菊.酒店服务礼仪[M].上海：华东师范大学出版社，2012.
[4] 史峰.职业礼仪[M].2版.北京：北京师范大学出版社，2019.
[5] 刘杨，梁中正.旅游职业礼仪与交往[M].2版.北京：高等教育出版社，2020.
[6] 金正昆.社交礼仪[M].北京：北京大学出版社，2005.
[7] 陈春燕.前厅服务与管理[M].北京：高等教育出版社，2019.
[8] 陈莹，范运铭.客房服务与管理[M].北京：高等教育出版社，2015.
[9] 樊平，李琦.餐饮服务与管理[M].北京：高等教育出版社，2019.
[10] 陈玲.有效沟通细节训练[M].北京：企业管理出版社，2006.
[11] 王兴斌.中国旅游客源国概况[M].北京：旅游教育出版社，2019.